用直覺解碼宇宙物語

橋本太太純天然育兒法

橋本知亞季——著　葉心慧——譯

推薦序

我們失去的，她都幫我們找回來了！

鄧美玲

從來沒有一本書能像這本《用直覺解碼宇宙物語——橋本太太純天然育兒法》這樣，會讓我讀到一邊歡喜讚歎，一邊則喘著氣、看一段停一段，好讓激動跳躍的心，暫時休息一下。也從來沒有一篇推薦序，讓我在反覆讀過之後，怎麼下筆都覺得不對！

這本書才兩百多頁，很容易讀，既然我自覺怎麼寫都是「加一分則太多，減一分則太少」，乾脆就不要寫，讓讀者自己讀就好了。我的「推薦」，只要引述幾則她讓我喘大氣、掩卷沈吟的「金句」——實在說，她的每句話都是值得大家咀嚼再三的「金句」。就像我已經口頭向很多朋友推薦，這是一本家家戶戶、每個大人都要讀的書！

為什麼呢？橋本太太再三提到，他們夫妻之所以選擇自然的生活方式，是因為覺得要恢復自己作為自然生物的「野性」，而「野性」的最高價值，在於「覺知的能力」。比方說，她的四個孩子都用麻煩許多的尿布，而不是紙尿布。她說：「使用紙尿片，父母固然比較輕鬆，但對新生命作為生物的豐富感知來說，究竟是好事還是壞事？我思考的結果是，讓孩子能夠敏銳地感受不快與愉快兩種感受，應該最重要。感受尿布髒濕時的不快，也感受換尿布後乾爽的愉快，意識到大人為自己費心費力不怕麻煩，這是喚醒豐富細膩感知能力的寶貴過程。」

另外，她選擇「正食」，很重要的一個理由是，為孩子打穩味覺的基礎！她說：「我們的味覺很容易被人工調味欺騙，然後變得麻木。為了不讓味覺麻木，就要打穩味覺的基礎，尤其幼齡期更為關鍵。至少在小孩三歲之前，可能的話到五、六歲之前，都要好好地培育味覺。這不是要使用味道強烈的調味料，當然也不是僅僅討好舌尖的食物，而是為孩子準備可以感受味道的微妙、並帶著鮮味甘味的自然飲食。」

為了要「開發自身天生本能」，她積極準備自己在家自然生產。

生過四個孩子之後，她的感悟是：「透過自身經驗，我更確信生產時『三位一體』的力量之必要——母親、新生命、宇宙力量。這些力量同時運行，相融相合，方能成就幸福分娩的瞬間。」第二次分娩時，先生不在，家裡只有兩歲的長女，她把接生所需的一切放到床邊伸手可及處，兩歲的女兒成為唯一的助手，她發現：「兩歲兒的能力比想像中更高。她理解全部狀況，協助無法動彈的我，甚至溫柔撫慰我，幼兒天生的能力實在讓人驚嘆。小小幼兒展現給我的是，也許早被大人遺忘了的、人類生命本具的素質吧！」

然後有一天，孩子突然跟媽媽說：「我不是媽媽的孩子，我是宇宙的孩子！」這種有如天啟的親子互動讓她明白：「母親，是為了讓寶寶的靈魂從遠方彼岸通往這個世界的時光隧道；是為了將寶寶的身體從遠方天涯運送到地球的宇宙飛船。母親的角色任務，僅僅是容器、通道，此外，什麼都不是。寶寶是從極樂至福世界前來傳達神明訊息的使者，為讓母親體驗——此時此刻、此處，就是極樂至福。」

我們失去的，橋本太太——一個自認是「脆弱的存在」，卻溫柔地，幫我們都找回來了！所以，這是家家戶戶、每個大人都要讀的一本書。

鄧美玲

新竹客家人，曾任中國時報親子版主編，現任中華氣機導引文化研究會理事長。

隨順社會規則讀書工作大半輩子，終於按捺不住基因裡的野性而叛逃了，成為身體覺知教育工作者，四時玩釀造、玩香，也玩茶。

她以真誠溫柔與謙卑，輕輕接住我們

金質靈

讀完橋本太太著作的最後一字，心中升起一個感嘆：「我究竟何德何能，有榮幸和資格為這本書寫序啊……」，在旁的先生也忍不住說著：「真的……這真的是太好的一本書，我覺得會成為暢銷書啊……」。一起共讀完書稿的我們陷入沈默，享受內在因深深感動而創造的寂靜無聲。

感謝本書編輯，也是我敬重的夏瑞紅女士邀約寫序，我才有幸閱讀到這令人敬佩之作。

夏女士在我六歲時，曾邀請我為報紙專欄繪製插畫，事隔三十年後，如今已是人妻、母親的我，能再次被一路看著我長大的夏女士邀請為本書寫序，本身已別具意義；意想不到讀畢本書之際，似乎才明瞭夏女士這份邀請背後溫暖的訊息：「記得相信妳自己，因為你們在做的事情很棒喔！」

我和先生分別在人生不同階段不約而同，選擇讓自己的餐盤上不再有生命犧牲的眼淚；相識相愛到結婚，更決定陪伴彼此執行無添加的全食物純植物性飲食，透過乾淨的豆穀蔬果調養身心，不僅擺脫了自己身上數種大大小小的慢性病與不適症狀，似乎性格的暴戾或憂鬱之氣也隨之淡化。在身心的見證下，讓我們對這樣的飲食方式帶有著全然的信任。

懷上女兒將果的時候，我也如橋本太太一樣有著天然而生的念頭：「人也可以像動物般自然的體驗生養孩子吧！」但我沒有橋本太太細心，甚至不知道需要去產檢，還好先生的心思細膩，做足了功課，並將「溫柔生產」的概念分享給我，我自然喜悅地順著先生的安排，並在前人的引導下，用純植物飲食滋養著孕期間的自己，直到在家中於先生、母親和助產士的陪同下順利產下女兒。

記得助產士在接生完女兒後，說下了令我們都印象深刻的話：「本來有點憂心你們的飲食方式比較特別，但是我接生過無數孩子，少見媽媽與孩子的狀態都健康有活力，生產過程十分順利，我覺得不論你們做了什麼努力，都應該好好跟這個世界分享！」這句話給了我們莫大的鼓勵。確實我們選擇的生活方式，在現今社會執行上有許多不易與辛苦之處，也常擔心自己的選擇讓家人不放心，難免有孤寂和需要支持的片刻，聽到這樣一份發自內心的認可，心中充滿力量。

如今，看著橋本太太的生命歷程，覺得自己碰到的挑戰根本小巫見大巫！我們念著書稿，一個一個驚訝不斷浮上心頭：「不可思議，居然在半世紀前，橋本一家就已經在執行現在才開始為人關注的純植物飲食！居然，在那西方醫學崛起的時代，橋本太太已經嘗試了現今才為少數人所重視的溫柔生產，並有著難以置信的勇氣，在荒野中搭建自己的家園，生養了五名子女……」

我很謝謝先生如此有興致地跟我一篇一篇細細品讀著，過程我們不時默契且驚喜的相視；特別讀到橋本太太面對五個不同氣質的孩子時，讓我們想到了如今即將四歲的將果，我們陪伴她長大的過程中，難免覺得自己真是糟糕不稱職的父母，但橋本太太那真誠、溫柔且謙卑的自述，輕輕接住了我們，幾次轉頭看先生，發現他已流滿了整臉的淚水，還靦腆不好意思地說：「是因為，真的太感動……」

謝謝有這樣偉大的前人，在看似遙遠的年代、遙遠的國度，卻跟我們有著相同的理念，做著一樣的事，即使面臨更大的挑戰，卻活出我們自歎不如的敬佩生命！讓我們覺得地球上的每個靈魂其實都好近好近，有如平行宇宙一般：「原來地球上有這麼多靈魂有著一樣的想法、一樣的渴求、一樣的願望，並都不約而同勇敢地實踐著。我們一點也不孤單！」

謝謝橋本一家如此美好的存在，謝謝夏女士的邀請；真心願閱讀此書的您，能像我們一樣備受啟發與滋養！

金質靈

藝術工作者、全食物純植物飲食奉行實踐者、共時間(The Present Room)純植物工作室主理人。

從小愛畫畫，本想當世上最偉大的藝術家，卻不小心變成厭世少女。有感於純植物飲食可減緩地球暖化且不傷害生命，改以餐盤作畫，以食物為素材，用餐桌延續對藝術的熱愛。

目前與丈夫Tiger育有四歲女兒。

導讀

橋本家的餐桌盛景

梁正中 正好文化發行人

和橋本夫婦的進一步交往是從拜訪他們在京都鄉間的家開始的。

約五十年前，新婚不久的橋本夫婦就勇敢地走進了福島縣的山林，年輕的他們本著「想創造對生命溫柔的生活」，也想「試試自己能多接近自然」，於是先生靠自力建屋（他們相信這是自然界所有生物的本能），太太則靠自力在家自然分娩，親手砍柴、運水、耕種，以盡可能不增加地球負擔的方式，用心經營家庭生活的富足感和安定感。

二〇一一年，地震海嘯迫使他們遠離家園，輾轉流浪數年，才在京都郊區找到一棟上百年古宅，重新修繕安家。他們家那用麻繩等天然素材編織搭築的閣樓，猶如聖靈充滿的小教堂。第一次拜訪時，橋本太太帶我參觀她的菜圃，順手拔起一顆大蘿蔔，像抱著自己小孩一樣滿臉幸福喜悅；後院樹林中還有他們種植在枯木上的蘑菇。

橋本家的一日三餐如美妙魔法般，讓我不禁為之目眩神馳。他們一家三代人合作無間，總是三兩下很快就從菜圃、樹林「變出」能量滿溢的餐桌盛景。

最讓我感動的是，每次用餐前，全家老小一起大聲誦念用餐禱詞：感謝太陽、土、風、水賜給我們美味食物，今天開開心心玩耍……。

那是如此地自然和諧、幸福滿足，而且餐餐都無浪費一絲一毫！

用餐後，我們常一起在四周田間散步。橋本太太聊著她曾挨家逐戶與鄰居分享正食料理和自然農法理念，後來鄰居們紛紛歡喜隨之走進大自然這個大教室。

和橋本家交往前半年都以橋本先生為主角，每次見面彼此相談甚歡，兩個男人不由得意氣飛揚起來，遐想要擘劃一個新時代自然活法村，又想到關鍵是得先有位眾望所歸的「村長」，好比公司的CEO……，我們還傷腦筋到底哪個年輕人可能合適？

哪想到幾次交流後，橋本太太半開玩笑幽默暗示，自己可不正是那「天選之人」？說到具體執行方案，她馬上能侃侃而談，從那「捨我其誰」的氣魄，足見五十年如一日在生活中歷練積累的實力。

橋本太太曾五次靠自力分娩，體驗到「母親＋新生命＋宇宙力量」三位一體的神聖經驗，尤其是最後一次生產，更「超越我這個個體、徹底與萬物相連」。橋本太太生出孩子的同時，自己也再度重生——與真我、即宇宙本體無法言喻地徹底融合。

昔時禪家大徹大悟後與「盡虛空遍法界」之法身相契，還有一燈園西田天香靜中隱約聽到初生嬰兒啼哭而大覺大醒，是否正是類似這樣的吉光片羽？

三年疫情改變了世界，也改變了我的人生軌跡。

山川、日月星辰、花木蜂鳥、荒野草藥、原始森林……正把我引向另外一個「維度」的世界。現在的我越來越體驗到與自然連接的力量，以及人類活在天地間的使命，更能感同身受橋本夫婦五十年自然生活的甘苦和堅定；橋本家的餐前禱詞，也恍然成了我山居歲月的吉祥咒。

幾天前正好收到橋本太太二〇二〇年醃漬的梅乾。嘗一口梅乾，無窮滋味絲絲入扣。我想，那源自天地的芬芳和手作的幸福，就跟她專為中文讀者撰寫的這本家庭故事書一樣深邃迷人。

自序

宇宙長流之此岸彼岸

每次分享作母親的經驗時都會被問：「分娩不痛嗎？」、「育兒不累嗎？」

我一貫如此回答：「當然超痛。不過，是跟其它疼痛完全不同的痛。」「全年無休當然很累。不過，是跟其它疲累完全不同的累。」

我們的生命在四十六億年的生物歷史中，跨越無數艱難與淘汰，連綿不斷延續而來。「孕育生命」這件事，是一項至艱至鉅的挑戰，但太過平常也太過自然，反而使人不自覺輕忽箇中奧義與甚深喜悅。

作為母親一路走來，以對生命的直覺，陪伴著五名子女、八名孫子孫女成長，到現在，我明確地堅信：生命從彼方來、終將往彼方去。

生命以母親的子宮為渡舟，從彼岸通往此岸。

此生有緣與形形色色的人事相遇，歷盡悲歡離合，一邊面對、一邊玩味，漸漸看清了，這只是生命存在於世間的森羅萬象，也漸漸明白了生老病死的意思。

從此岸往彼岸的道路，只能依靠自力，隨順因緣歸去。惟願「歸去」的瞬間，自己能從容前行。

這浩瀚偉大的來去課題，其實始終與我們同在，而且，不管人是否意識到，其實一切早已預備好在宇宙長流裡，人人平等，沒有差別。

無論您此刻正在人生路上的哪一段，倘若本書有助於您微微感受到，我們同在宇宙長流中，那將是我至高的榮幸。

目錄

第一章

懷抱夢想投身荒野

著手開墾後，
在地底淺層發現了大量繩文時代的土器與石器。
這意味著，
早在遠古時代，這裡已是適合人類居住的環境。
我們會是五、六千年後
再次來到這裡拓荒造屋的第一批居民嗎？

在我求學那時代，人人憧憬都市生活。從日本各地上東京的學生，追求某種信念、滿口青澀哲學，靠一己之力維持生計，年輕氣盛地在酒場歡快暢飲，高談闊論自由的意義。

當時的我和後來成為我先生的橋本宙八也不例外。

遷入繁華都市，生活時而得意洋洋、時而汲汲營營。然而，我們婚後考慮住處時，不知怎地，兩人卻意見一致，決定住在鄉下，而且是森林環繞、空氣好、水質佳的鄉下。

在狹小的日本，深山僻野才有這樣的地方，而這樣的地方，只有甘願捨棄便利生活的人才會考慮入住。

透過親友介紹，我們不辭勞苦四處尋訪，終於找到東北方福島縣小村落外、過去村民採集木材與野菜之處，如今人煙稀少，已是一片荒野。

那塊土地雖然不盡理想，但日照充足、幅員廣闊，河水澄澈，最重要的是，價格便宜，我們還負擔得起。

於是我們決定，就是這裡了。

當時附近村民都說，那裡簡直是西藏（意指非常偏僻不便）啊！奉勸我們不如死了這條心比較好。現在回想，二十出頭的我們選擇搬到這種地方，實非深謀遠慮之舉，只是單憑一個夢想和一股衝勁，青春無懼。

選擇「珍惜生命」的生活

逢人問起為何移居森林，我總是明快回答：「想過對生命溫柔的生活」、「想試驗自己能多親近自然、多強韌」。現在寫下當年豪語，覺得實在滿孩子氣的，但當時我們的心意十分堅定。

即便是半世紀後的此時，那份想好好珍惜生命地活著的想法，依然堅定如昔，當初選擇的生活方式也持續至今；甚至可說，歷經歲月滄桑、進入現今時代，我更加確信，當時的選擇沒錯，也更加肯定自己的人生，內心充滿平安篤定的幸福感。

作為一個實踐夢想之地，接近原始自然生態的深山當然是最理想的。然而，現實生活中，我們還是需要些許便利與文化條件，也需要可通行汽車的道路、電力設備，所以，最終我們買下了一塊在村落外圍、符合上述條件的土地。

當時的直覺是正確的，那實在是近乎完美之地。我們著手開墾後，在地底淺層發現了大量繩文時代（約莫西元前一萬四千年至西元前三百年間，橫跨舊石器時代後期到新石器時代）的土器與石器。這意味著，早在遠古時代，這裡已是適合人類居住的環境。我們會是五、六千年後再次來到這裡拓荒造屋的第一批居民嗎？念頭至此，我們心潮澎湃，激動不已。

後來，在自家四周採集雨後出土的古物，成了我們家孩子的日常遊戲之一。其中有一部分送交專家鑑定，判定為繩文前期文物。那些石器裡含有不屬於此地的石材，推斷是船運過來的。從我們家翻越後山出太平洋，確實不難。

而後發現的石器土器，雖沒再請專家鑑定，但依據模樣與造型判斷，年代應在繩文時代以後。無論如何，這段浪漫小插曲彷彿在為賭上人生、投入冒險生活的我們加油打氣。

從零開始拓荒開墾

我們夫婦倆攜手從零開始拓荒開墾。

一起伐木整地，自由想像哪裡蓋屋、哪裡耕種、哪裡開路、哪裡保留森林原貌，宛如在大地上隨心所欲規畫設計，除了快樂滿足，還有什麼能形容當時的心情？

後來我們常被問到「如何將不可能化為可能」？

毫無經驗的夫婦嘗試在荒野中白手起家，即使再年輕力壯也是非常艱難的事。我想，最終得歸因於「動機」和「動力」，那是「想找回人類在文明進化過程中喪失的生物本能」這個強烈的信念。儘管不確定那能力是否依然存在，卻仍然選擇相信，也希望親身探尋。

回首當年，該說那是荒誕不經、還是年少輕狂呢？無論如何，當時的我們是真心實意的。對先生來說，這理想主要落實在「靠自力為家人打造安身之處（家園）」，並守護家人的生命（經濟健康）」；對我而言則是「靠自力生產、養育子女」。

握著斧頭與鏟子，跟原野搏鬥多時，平坦的大地漸漸呈現，終於可以進入下一個階段——自力建屋。從決定買下這塊土地到正式移居，中間有半年時間，先生已跟隨木匠學藝，還到建築工地實習。僅以這般粗疏的知識與經驗就貿然行事，未免太過輕率魯莽，但他相信：「為家人築巢蓋房是自然界所有生物都有的能力，人類當然也有。」就憑這麼簡單的信念，他親手為這個家蓋了一棟相當寬敞的日式木屋，真是讓我不得不欽佩。

接下來，要確保水源。

我們的土地上有條小河，從無人森林流淌而下，作為水源並無問題。不過長遠之計，水井還是必要的。

於是先生用鏟子挖地，我負責清運土石，經過一週連續不斷的勞動，總算在地下八公尺處挖到水脈。然後，我們安裝抽水機，進行引水入室工程，家中水龍頭終於嘩嘩出水了。

至於電源，則是委託電工師傅從村落拉電線過來，先生再自己動手配置電路。我們家終於在漆黑森林裡明亮起來。

就這樣，森林裡、大地上、星空下、無數野生動植物的環繞中，我們的家庭新生活正式開展。

實踐環保、純素自然飲食

我們想在這裡過什麼樣的生活？

正如前面所說，我們移居深山的一大目的是，在生活中實踐「珍惜生命」，珍惜生命的基本前提是不殺生，所以我們選擇純素的自然飲食生活。

都市環境喧囂紛擾，很難貫徹這個選擇，所以必得移居深山。不過，說到底，這只是託辭，其實是需要把意志薄弱的自己推到斷絕誘惑的環境，所謂「破釜沉舟」吧！

從結果來看，這個選擇非常成功。

這裡何止沒自動販賣機、餐廳，連一家賣日常雜貨的小店也沒有。「完全自炊」的生活，我們自然而然就達標了。

同時，我們也開啟全面環保的生活。

儘量不增加地球負擔，這是當前全球共識，而我們在半世紀前已朝這方向匍匐前行了。為減少石化燃料汙染，我們就近撿拾山裡的木材，洗澡水和暖氣都靠柴火燒爐，需要快速烹調的料理才用桶裝瓦斯。

日本東北地區海拔五百公尺的山區已非常寒冷，需要大量燒柴，還好住處位於雜木叢生的山群裡，我們得到伐木業者的許可，全家出動去收集砍伐後剩餘的雜木，靠自己的勞力、不費分文，即有火可用，不但符合成本、環保等現實考量，還給了我們莫大的安心感，那是透過日常勞動才能體會的富足、安穩，和一種「被大自然懷抱著、真真實實地存在」的感覺。

我的「野性」重新復甦

多年以後，在海外大都市留學的女兒久違三年返回故里，全家人一如往常去山裡撿柴。我們帶著便當、用去野餐的心情愉快出發。小貨車開過崎嶇山路，到了目的地準備開工時，女兒不禁喃喃自語：「我們家過的是這麼原始的生活啊……」。

小時候比誰都愛玩冒險遊戲的女兒突然發出這樣的心聲，我一時無言以對，同時也深深理解她成長過程的辛勞，那跟海外大都市的生活當然截然不同，十六歲的她想必也得拚命地融入當地生活吧？我只是輕輕一笑帶過：「對啊，就是這樣啊，跟從前沒兩樣吧？這種原始生活，我還滿自豪的喔！」

對於能夠體驗「回歸生命原點的淳樸自然生活」和「奔向文明先端的大都市生活」這兩種截然不同的滋味，我覺得是極為珍貴的生命資產，所以很贊成子女到東京和海外都市留學。

順便一提，這位女兒如今已是兩個孩子的母親，一邊用電腦工作，一邊跟孩子過著種菜、燒柴的生活。

除了水、柴、食物以外，滂沱大雨後修復被切斷的道路、整治氾濫的河床池塘……，諸多生活大小事，我們都得親手處理。這樣粗獷的生活，對曾是多病弱女子的我來說，雖然相當艱苦，但處處用心探索，從不懂、不會到明白、能幹的過程，實在讓我非常快樂。

我自幼氣虛瘦弱，光從椅子上站起來也曾因貧血而暈倒，當時的父母和朋友絕不能想像我日後竟能在窮山僻壤生養五名子女。我之所以能辦到，當然必須歸功於荒野的磨練和依循自然的飲食生活。

從這角度來看，一如我所期待的，這種生活的收穫是，無論身體上或者精神上，都讓我變得堅強健壯，換句話或可說，使我的「野性」重新復甦了。

第二章

決定在家自然分娩

我向來有「要開發自身天生本能」這種朦朧的想法，

因此把懷孕分娩看作試煉生命力的絕佳機會，

也許我這薄弱多慮的現代人，

唯有把自己逼到絕境，才能逼出真正的意志，

因而窺見自己的本能。

這牽涉到兩條人命，

也是對自己生命極限的挑戰。

懷上第一個孩子時，我們還住在東京、尚未移居深山，但已開始實行吃糙米、素食。我向來有「要開發自身天生本能」這種朦朧的想法，因此把懷孕分娩這生產過程看作試煉生命力的絕佳機會，於是從懷孕開始就積極閱讀、參加講座，認真思考自然分娩的意義。

具體來說，就是不依賴醫療和助產服務，全程靠自力完成，就跟一般野生動物一樣；也就是全然信任生物的原始力量。

從現代人的觀點來看，這是賭上性命的選擇。

其實，任何時代、任何完善的後援，女人生產都是賭上性命的事。然而，在人類歷史上，生產原本就是自力進行的，頂多是靠母女、親友幫助，後來才漸漸出現助產專業，到了近代更被當作是必須送醫院的醫療行為。

約在半世紀前，在醫院分娩的日期時間就變成得按醫生行程安排，我對這種現象大感疑問。懷孕生產本該以母親與嬰兒為主體，生命的自然性不是應該最被尊重嗎？然而，隨著約定俗成的社會趨勢，是不是連女性自身的主體意識也越來越薄、本能也越來越弱？這是我心中油然生起的畏懼，也是我對自己的探問。

為進一步確保生命不遭風險意外，這是人類文明進步必然的走向，可是，生命「自然而生、自然而死」，這本是理所當然，但這種「自然」在現代社會卻似乎變得越來越難得。

也許我這薄弱多慮的現代人，唯有把自己逼到絕境，才能逼出真正的意志，因而窺見自己的本能。挑戰一般人都不做的事，需要真正的決心與勇敢的實踐。這牽涉到兩條人命，不得不付出最大努力，無論發生什麼事都沒有藉口，這也是對自己生命極限的挑戰。

自訂三項孕期日常功課

既然下定決心自力分娩，當然必須慎重面對這攸關生死的事。迎接周全的分娩需要的是什麼？其中哪些是我能在生活中不必勉強地每日實踐的？

認真斟酌後，我歸納出以下三項：

一、嚴選穀物菜食，細細咀嚼進食。並且每天寫飲食日記，檢查身體狀態。

二、每天必定運動、散步。屋外散步、體操，室內家務等，心情愉快地活動身體。

三、確保禪修與祈禱的時間。在起床時、睡眠前跟自己對話，調整心情。

因為是自己選擇的、自己能力所及的事，自然全是既容易又簡單的事。「重視身心兩面、認真生活」是支撐人類生命的根源部分，不僅限於孕期，而是時時刻刻都應該重視並實踐。

如今細想，在那之後的人生，這三項如三根柱，始終佇立我心深處。即便生活遇到紛擾煩雜，這三根柱子也給了我某種「若有萬一，只要回到這裡就好」的安定感。

讓我稍微補充第一項關於飲食的部分。

懷孕期間在我體內發生的，是用我的血液，每天持續疾速地製造新生命（胎兒）細胞的作業。胎兒的成長只用我的血液，是完全依存於我的存在。

一旦意識到這個事實，身心便不禁警覺起來。製造如此重要的血液的材料，正是我每天吃進肚裡的食物，責任非常重大。為了胎兒的健康，我必須製造健康的血液，為了健康的血液則必須攝取健康的食物。當時的我已在實踐不含添加物、化學成分的「正食」，於是更認真地講究食物。

當然，所謂健康的血液、健康的飲食並沒有既定標準，每個人依自己的判斷，找到最適合的方式即可。從那個時間點起，我自己探索、自己做決定，老實走上自立之路，第二項及第三項也是如此。

如此檢視自己，度過懷胎十月，乍看之下也許有點像孤軍奮戰，其實並不然。

想像細胞的新生、胎兒的成長，親子能量汩汩交流，我感到身心都十分充實，快樂無比。

這樣的日子層層堆疊，不僅迎來健康的生產，亦作為胎教，建立好出生之後的親子關係基礎，長遠來看大有裨益。

但願即將迎接孕期的人，都能明白懷孕期間好好地生活是多麼的重要。

把「不安」當作小伙伴

儘管像這樣準備萬全，我依然感覺不安，畢竟分娩充滿未知數。

我曾為了「必須消除不安、充滿自信迎接分娩」而焦慮，不過在某個時間點，卻倏忽找到自己心悅誠服的答案：「沒必要讓不安消失」。無法預見未知數的我們，不都是一直帶著對未來的不安而活著嗎？不安是理所當然的。

答案竟是如此簡單！在我忍不住笑了出來的同時，雙肩重擔頓時卸下。

好吧，別把不安當作不安，而是把它當作自己的小伙伴，認同它、帶著它，但是也盡可能別讓它膨脹。結果，不安反而莫名地變成正向助力，悄悄推了我一把。

不安引我尋思，一切努力的終點何在，畢竟只有天曉得，既然如此，就把一切全託付給遠遠超越自己的偉大力量吧！單純相信自己、寶寶，以及支撐一切的宇宙力量，結果如何都交給老天作主。

用佛教術語，可說「不安」激發了「皈依之心」，讓我自此變得平靜安穩。

五次順利分娩

按照上述方式，我經歷了五次孕期並完成自然分娩。

五次都沒依靠專業人員協助，只是在日常居家生活中分娩。其中三個孩子是夫婦兩人合力接生，另外兩個孩子是先生剛好不在家時，我獨自分娩。

每次分娩都平安順利，迎來健康元氣的寶寶，對我來說是莫大的喜悅，取得比預期中更大的成功。內心因「相信自己自然原始力量真是太好了」而充實篤定，也對支持我的孩子與家人充滿感謝。

每個生命都獨一無二，每次分娩也都給了我獨一無二的經驗與成長。隨著年歲增長，我漸漸了悟，順產並不是我的成功，而是生命之力以具體形式理所當然地表露罷了。

以下簡述五次分娩的回憶：

一、長女「果遊」

第一個孩子的分娩，是夫婦兩人在東京自家中，做好賭上性命的心理準備，盡了最大努力的初體驗。產後瞬間，真的非常感動，淚流滿面、笑著為自己鼓掌。實際證明我們按理想做到了，那讓我們夫婦對自己的信念更有信心；而像動物那樣自然生產，也隱約讓我有一種確實被天地認可、成為大自然生物中的一份子的感覺。

這成為了我生命的核心，或更精準地說是，這進入了我生命的核心，往後的人生裡，無論何時何地，這個核心都牢牢支撐著我。

果遊寶寶圓滾滾地，元氣十足。那年頭，西洋營養學是主流，大家都擔心不攝取動物性蛋白質（肉類及牛奶）會沒營養，認為只吃素食的孩子會發育不良，但看到健壯的果遊，我們確認糙米素食也能孕育出健康寶寶，這讓我十分欣慰。雖然現在的我能氣定神閒地說：「素食當然養得出健康寶寶」，但當時周遭沒前例可循，我們一路摸索前進，走到果遊出生那一刻，真有種「實驗成功」的歡喜。

二、長子「樹生馬」

此時我們已從東京移居山村。這次先生正巧外出，我不得不獨自分娩。當時剛滿兩歲的長女成了此次分娩的見證人。只有幼兒與孕婦，這樣的組合在即將發生重大事情的現場，確實叫人擔心，然而終究一切順利。

我發現兩歲兒的能力比想像中更高。她理解全部狀況，協助無法動彈的我，甚至溫柔撫慰我，幼兒天生的能力實在讓人驚嘆。

小小幼兒展現給我的是，也許早被大人遺忘了的、人類生命本具的素質吧！

三、次女「明朱花」

原本預定全家大小在家迎接這個寶寶，可是突然有些意外發生，直到臨盆之際，先生才趕到幫忙接生，而老大老二沒能照我們理想在場見證，但我們平淡地接受狀況，分娩過程仍然順利，寶寶健康誕生。

這時，分娩好像不過就是，在睡覺起床遊戲工作、諸事層出的日常生活裡的另一件事罷了。總是無常多變的日常生活，無論再出現什麼事，好像已能用平常心泰然面對。能如此思考，進而如此應對，我把這視為我們全家的成長躍進。

四、三女「朋果」

這個時期，我們家的生活和一般家庭大不相同。

家有幼兒的我們家，當時正有幾位需要特別飲食調養的重症病人一起共住。我除了要兼顧家事、育兒，還要照顧病人的飲食起居，那是一段極其忙碌，身心都瀕臨耗竭邊緣的高壓生活。那樣的生活既是日常卻又非日常，完全沒有餘裕像前三次孕期那樣呵護胎兒和自己。

儘管如此，女兒還是平安順產，面容宛如觀音。相較於前面三個出生時體重都在標準以上的孩子，她雖然比較瘦小，但仍然很有元氣。原本暗自擔心的我，感到如釋重負。

五、次男「卓道」

這時我們家仍為照顧病患而忙碌，但我想這應是我最後一次懷孕分娩，我不希望像上次懷老四那樣透支身心能量，決定要回到原點，只跟家人輕鬆開心地過單純的居家生活。

第五次分娩的經驗，超越「我」這個個體，恰似「完全與一切合一」的宇宙意識，相信此生再也無法遇見，用盡言語也無法表達。然而，這是千真萬確的、至高的神祕體驗，宛若觸碰到生命之源的喜悅瞬間。

由衷感謝帶來這些體驗的五個生命，也感謝宇宙的超能量。

「自然」並非什麼都不做

果遊、樹生馬、明朱花、朋果、卓道，五個孩子的分娩經驗，每一次都不同，每一次都帶給我新發現與重要訊息。

第一次，實證不借他人之力、夫婦兩人自然分娩的可能性，以及莫大的喜悅。第二次，進一步體驗孕期過程，完全不靠醫師和助產士，自己管理、不需旁人協助也可獨自分娩。

第三次，體驗到在與日常生活相同的頻率中，跟家人一起的安穩分娩。第四次，感受到分娩是最棒的狂喜（ecstasy）、屬於神祕的宇宙體驗。第五次，感覺「分娩」這個詞已粉碎並消散於空氣，極樂至福的奢侈經驗。

透過這幾次分娩深刻的發現與喜悅，我的「自然觀」變化極大。之前，我只是模糊籠統地覺得「自然是好的、也會帶來好的結果」，只要自然就是圈圈，不自然的就是叉叉，非常單純的「崇拜自然」，相信只要追求自然必引向理想結果。如今我明白了，以自然束縛觀念，同時會落入自然的桎梏。

當我帶著「想要自然分娩」的心願開始認真面對，種種不安隨即湧現。如今我已經了解，即便是自然，也可能有不理想的結果，而結果不盡理想其實也沒關係。同時，也打破了「只要自然就安心，什麼都不做也ＯＫ」這種半吊子的觀念。

所謂「自然地在自然之中」並非如此單純容易，而我們的身體和社會都不可能棄「自然」於不顧。相較於過去的不切實際，這發現對我來說，實為一大進步。

因為經歷過逼到極限、只能破釜沉舟的狀況才懂得，即使是自然分娩也要盡力做自己能做的，不斷嘗試與發現。自己能做的，也不過是透過飲食、運動、生活，調整孕育寶寶的環境。

將能做的盡力做完之後，終於領悟：自然並非什麼都不做，以身體覺知去捕捉、感受自然，是重要前提，也需要知識和努力，才能判斷、拿捏「做、不做」之間的平衡。

我掌握到分娩的「自然觀」是，做好該做的、不放任，結果則交給偉大的自然之力。至於自然生活、自然飲食、自然農法、自然育兒……，本質上也都是這樣。

寶寶不是母親用力生出來的

現代社會一切事物都有大量技術、資訊、說明書，其中有許多是生命根本不需要的，但明明不需要，一般人卻覺得要是沒有，好像哪裡怪怪的，甚至會陷入不安。時下人們對生命的態度，基本上否定多於肯定，習慣瞎操心去「操縱掌控」、「超前部署」，我認為這也許是一種文明病。

每個人的身體各不相同，每個人身體的所謂「自然」，當然也就有些差異，應依據自己真實的感受去確認「自然」的意義，不該人云亦云、隨波逐流。

拿分娩來說，一般都認為「寶寶是母親用盡全力才生出來的」，電影中的產婦幾乎都咬牙使勁、汗流滿面到精疲力竭，我也曾誤以為事實就是這樣，然而，現在我卻反而確信寶寶不是被母親用力產出，而是「帶著自己的意志與力量出生的」。從第二胎的分娩開始，到最後一刻，我都沒有使勁，而是等待子宮收縮與鬆弛的頻率達到圓滿。我不但不使勁，反而注意放掉力氣、放鬆身心，寶寶會靠自己的力量推開產道而出。

分娩是即將出生的生命、孕育該生命的子宮，以及宇宙的能量，這三者的共同創作。肉眼無法看見的宇宙能量頻率，以收縮與鬆弛的形式傳遞到子宮，寶寶接收到以後，就會順著頻率出生。因此，我該做的是，盡量讓收縮與弛緩的能量波動清楚傳遞給寶寶，避免因用力使勁造成「干擾」。母親毫不費力、完全放下，子宮鬆弛的程度會越大，鬆弛越大則收縮的強度密度也越大。

分娩中我做的其實是——盡量努力什麼都不做。僅僅感受子宮的收縮頻率，覺知每個當下。我的「不作為」為的是，不打擾子宮和寶寶。那之後，我終於稍微窺見「一切隨順宇宙之流、託付給彼岸的力量」這箇中深意。同時，從分娩經驗，我也領悟到，即使是未出生的小生命，也擁有自己判斷狀況、靠自己力量出生的能力與意志。

如今回想一次次獨一無二的分娩，每次都是配合當下身心狀態的方式，為我的生命帶來必要的成長。與孩子們共同生活、觸摸他們的內心，更讓我相信，是這五個生命攜手引領我一步一步向前邁進。

這些年育兒過程中，偶有疲憊、苦惱、陷入自我厭惡的時候，每每在低潮中，分娩的回憶與感受會突然湧現，並再次賦予我力量。或許可以說，分娩體驗成了我作為母親之信心與能量的原點。

下一章，我想以卓道出生的故事，較具體地分享我的分娩經驗。

第三章

時光隧道與宇宙飛船

母親，是為了讓寶寶的靈魂從遠方彼岸通往這個世界的時光隧道；
是為了將寶寶的身體從遠方天涯運送到地球的宇宙飛船。
母親的角色任務，僅僅是容器、通道，
此外，什麼都不是。
寶寶是從極樂至福世界前來傳達神明訊息的使者，
為讓母親體驗——
此時此刻、此處，就是極樂至福。

朋果出生之後大約一年，我們依舊過著照顧病人的生活，然而，當我懷上第五個孩子後，決定要做出改變。

當時我仍未走出懷朋果時所經歷的苦，發自本能地不想再持續這麼辛苦的狀態，只想清閒自在地躺在大地上曬曬太陽、吹吹風。先生理解並同意了。因此，肚子裡的寶寶得以在只有家人環繞、輕鬆歡樂的日子裡健康成長。

到預產期前一個月，我的孕肚已明顯凸出，不過因皮下脂肪較少，我每次懷孕的肚子都不大，胎動的感受更加清晰，尤其這第五個孩子，常讓我驚嘆真是元氣滿溢。

仗著一切狀況良好，我常一不小心就工作過頭，一直忙到傍晚，寶寶就會強力推壓，讓我肚子僵硬緊繃，好像要傳給媽媽什麼警報似的。我便趕緊跟寶寶道歉並收工休息，感覺在掌控大局的是寶寶，不是我。

七月底，我還去了三重縣海邊的夏令營，跟大夥兒一起玩得很盡興。一週旅行後，回到山裡的家，才反省都快臨盆了還出門遠行，確實太勞累。然而，我們家早已排滿行程，八月二日，先生要帶老大和老二去青森演講，然後再從青森直接到成田機場，飛美國旅行約一個月，奶奶和老三明朱花也一起去青森，家裡就剩我和最小的孩子朋果。算一算，寶寶很可能在他們不在家時出生。

當然最理想的是，夏天旅行結束後，全家團聚迎接寶寶誕生，可是無法盡如人意。我暗自焦急，想跟家人傾訴，又覺得說了也沒用。大家忙著準備行李，沒人坐下來跟我討論生產的事，轉眼就到大家要出發的早上。

家裡即將剩下我和兩歲的朋果，以及狗狗大介、貓咪哈比。心裡的忐忑，想說也說不出口。臨上車前，忽然隱約察覺到什麼的果遊，跑來撫摸我的肚子，一臉擔憂地說：「寶寶好像快出生了，等不等得到我們回來呢？」她認為寶寶誕生是全家的事，她也有責任幫忙，所以才會這麼說。

我一聽，淚水幾乎奪眶而出。他們要到二十五日才回家，那時寶寶肯定已經出生了，這是孩子們的第一次海外旅行，我只能擠出一句：「別擔心，路上注意安全。」揮手道別，直到車影消失眼前，世界驟然一片沉寂，我感到筋疲力竭。那一整天，我跟朋果兩個，懷著無依無靠的寂寞心情，恍恍惚惚地度過。

子宮開始二十分鐘收縮一次

那天入夜後，朋果發燒了，讓我心亂如麻，只能祈禱。翌日清晨終於退燒了，好像神明收到我的祈求似的，那給了我信心加持，同時勇敢做了獨自分娩的心理準備。

「媽媽，起來！飯！」朋果跟往常一樣起床喊餓的時候，子宮開始每二十分鐘收縮一次。我確定今天要分娩了，只能兵來將擋，水來土掩，連日的寂寞害怕竟已不知不覺煙消雲散。

心情雖輕鬆篤定，但無人協助，還必須照顧朋果和動物們的日常生活，可真是個挑戰。硬起頭皮一點一點開始準備吧！

早餐後，提早燒柴，準備泡澡水。（獨自分娩老二時，曾有來不及燒泡澡水的經驗。）生好柴火後，把握時間下田採些番茄、小黃瓜，如果我無力做飯，可當朋果的點心。產後暫時不能外出，所以也得先為兔子割草備糧，並為貓狗煮了三天份的食物。產後暫時不能跟朋果玩，那就趁今天好好陪她玩個痛快吧！

下午一點，開始泡澡。跟朋果泡在熱湯裡，安靜放鬆中，緊張的波浪一陣又一陣。然後，先吃飽再說，順便把朋果接下來兩天的飯都預備好，之後，奶奶和明朱花會回來，那時就不用擔心了。總之先把飯煮好，其餘再看著辦。下午三點，廚房收拾完畢，該做的事差不多都做了，只剩準備產房。

根據四次在家生產的經驗，產房必要之物其實不多。到這個階段能從容不迫，也許是「習慣成自然」吧？六年前那次獨自分娩時，好像在跟時間競走，相對下，這回真是「好整以暇」。

子宮收縮變成五分鐘一次

不過，面對生命的緊張感卻與經驗多寡無關，每次都是全新且獨一無二的。宮縮變成五分鐘一次時，緊張感越來越高。

我面向牆壁，閉目坐在椅子上，心情神聖平靜。

要不要打電話請朋友過來呢？我暗自思量。有人來或許可以幫上忙，但也可能人家比我更緊張不安，就像過去先生總比我緊張，外人肯定更害怕吧？

這一次，我想細細品味分娩的舒暢與解放，一如兩年前分娩時，那種漂浮在雲端的感覺。我想自己靜靜地、用身心靈去感受與宇宙合一的幸福。

是的，不如就一個人分娩吧！我下定了比過往更堅定的決心。

要怎麼做呢？試著在腦中整理步驟，當下卻腦袋一片空白，身體某個深處，莫名湧現一股熱熱的能量。

呼！深呼吸！好吧，全部交託出去了，交託給身體本能，交託給寶寶的力量、宇宙的意志……。

睜開眼，來吧！行動吧！我站起來，走進臥房，鋪好我和朋果的床鋪。朋果小姊姊將成為寶寶誕生的見證人。

接著將分娩所需用品、寶寶的衣服等，一一擺在床邊，方便取用。這對獨自分娩非常重要，畢竟過程中已無法移動去拿東西，產後也無法馬上下床。

毛巾、浴巾、紗布、脫脂綿、用後即丟的柔軟舊布、剪臍帶的剪刀及木綿線、放胎盤的洗臉盆、垃圾桶、有蓋的塑料水桶、熱水壺、桌燈、手錶、筆記本、鉛筆。還有分別裝有熱茶和梅醬番茶的兩個水壺、寶寶的尿布和衣物、我的換洗衣物。

陣痛每兩、三分鐘強勢席捲

躺在床上看看四周，看來萬事俱備。陣痛已來到每兩、三分鐘強勢席捲。快了！我立即換上睡衣。

下午五點。朋果在戶外玩了一天，肯定累了、睏了，若她能好好熟睡，那真是謝天謝地。我邀她說：「我們上床看書吧！」每天最愛睡前繪本故事時間的她，率真地應好。母女倆躺到床上，沒翻幾頁繪本，肚子咕咕、咕咕地似排山倒海，陣痛劇烈達到頂點。我跟朋果說對不起、請等一下，放下繪本，開始「呼——呼——哈——」大口呼吸以舒緩劇痛，等翻越一座陣痛峻嶺後，我們再次回到繪本。

就這樣「翻山越嶺」了四、五次。看著我滿臉糾結，不知情的朋果還催促著：「快讀啊！」慶幸她一點都沒驚慌害怕。

「再等一下下，現在媽媽肚子裡的寶寶正努力要出來喲，媽媽也正在努力，朋果要乖喔，拜託了！」我儘量以平靜的口吻說明，但臉部表情大概已糾成一團了。

我已到了忍耐的極限，正想起身的瞬間，破水！氣勢如洪。

靠牆坐著等待胎盤剝離

我趕緊調整手和膝蓋、以四肢著地的坐姿，「哈、哈」地短促呼吸，放鬆全身之力，在心中對寶寶說：「好了，來吧！」

下一個瞬間，像正等待著這指令的寶寶，順滑地從我聳立的雙膝之間，安穩降落在我手上，元氣飽滿地呱呱發聲。

啊！好了好了！終於告一段落。

五點二十分。我等待著胎盤自然剝離。把寶寶抱到胸前，在背後披上棉被，靠牆坐下來休息一下。

呼，多麼慶幸！那個位置正好可以望向簷廊，戶外景色盡入眼簾。魁偉的松樹，為孩子們特製的、綁在橡木上的三個鞦韆（圖見 p.73），再過去是雜木林蒼蒼鬱鬱，靜靜蔓延向遠方。這片平常風景，如今看起來卻迥然不同。

夏季的黃昏為天空一寸寸添上暮色，森林蟬鳴如陣雨般響徹雲霄。滿山似乎都在對我悄然細語，並用沉穩的氣氛懷抱著我。此刻，胸前的寶寶睜開眼睛，望向我。那一瞬或許只是彈指之間，我卻感覺悠長如永恆，神聖無法言喻。

打破這片寂靜的是朋果。她突然連聲喊叫：「寶寶，好小！」、「小雞雞！」、「腳好小！」這是見證整個分娩過程的朋果，發出的第一聲。

發楞的我這才回過神來，意識到朋果就在身旁。明明直到剛才為止都很在意朋果，但卻有那麼一瞬間，完全感覺不到朋果的存在，獨自沉浸在自己的世界裡。這讓我自己感到驚訝錯愕，同時也喜悅泉湧。

在那瞬間，朋果實實在在地幫助了我啊！她以不讓我感覺到她存在的方式，靜靜守護在我身旁，這正是對我的最大支持。一定是這樣吧！朋果，謝謝妳！

朋果怎麼看寶寶的出生呢？我望著朋果，正好奇尋思，她即刻回以亮閃閃的目光，連聲歡呼：「寶寶！寶寶！」

「太好了！是不是好小啊？是個男孩喔！」彷彿什麼事都沒發生似的，朋果跟我的日常對話又開始了。

感覺胎盤即將剝離，我請朋果幫我拿水壺，喝下準備好的梅醬番茶，感覺非常順喉好喝。子宮馬上輕微收縮，胎盤順利剝離。又告一個段落。

在醫院生產的孕婦不太有機會看到自己的胎盤，胎盤通常被當作污物直接丟棄。但我很喜歡看到胎盤時，那種覺得好不可思議、心不禁怦怦跳的感覺。那是連繫自己與寶寶，為孕期盡心盡力的、身體的一部分，雖非一般定義的美觀，但卻美麗非凡。

我們總是恭敬地帶著感恩之情，好好將胎盤埋在庭院樹下，祝願「這孩子與這棵樹一起茁壯成長」，並祈請樹靈護佑。

一刀剪斷臍帶

接下來是剪臍帶。

要將寶寶肚臍旁白韌韌、硬粗粗的臍帶結好、剪斷，微微緊張。我握著剪刀正要動手之際，朋果大叫：「寶寶痛痛！」我一時怔然。確實如此。在如此悠緩流暢的分娩過程中，遽然出現尖銳剪刀，確實有違和感，「僅僅在場」的朋果對分娩毫無成見，但從她眼裡看來，確實如此吧。這些念頭掠過我腦海。

我愣了片刻，然而，眼前別無他法。「真的，可能會痛……寶寶對不起喔」我喃喃自語，隨即一刀剪斷。

「啊！把一個人帶到人間」、「我的任務完成了」……卸下重負的同時，內心深處百感交集，泫然欲泣，不自覺地對寶寶說：「從現在起，你就是你，是一個人呦，要好好活著喔！」

終於大功告成。

我先把包在毛巾裡的寶寶哄睡，然後收拾東西、整理床鋪，把要洗的衣物拿到浴室，把胎盤裝進有蓋的水桶、放在洗臉台角落……。收拾善後時，寶寶哇哇哭了，如果可以的話，好想抱著他一邊收拾，但實在力有未逮，我匆匆做完，準備就寢。

今天不給寶寶入浴了，直接讓他穿上衣服，接下來就能好好休息。

這時卻聽到朋果呼叫：「茶！飯！」唉，這麼晚了，饒了我吧！但話說回來，她還沒吃晚餐，肯定很餓了。朋果也全神投入過程，這才想起來喊餓，真是位優秀可愛的生產見證人。

孩子心明眼亮，懂得何時可以表達意見，何時決不打擾孕婦，實在是讓大人都汗顏。當然這非經深思熟慮，純然源自本能，渾然天成。

從這點來說，最理想的自然分娩見證人、助手，卻是能夠不帶成見、僅僅安靜陪伴在場的小孩。這聽來彷彿胡言亂語，但卻是我兩次獨自分娩真切的感受。

此時此刻此處就是極樂至福

我走去廚房，盛飯給朋果，她津津有味地把一大碗糙米飯加芝麻鹽吃光光，飯飽茶足後，一臉燦笑說：「媽媽，睡吧！」

望向時鐘，確認一下先生在青森的行程，應該演講剛結束、大家一起在用餐。時間正好！好想趕快打電話通知他。他雖不在此處，卻一直與我同在。這是我們一起經歷的分娩。撥電話時，我心裡這麼想，多虧有他，我才能體驗這樣的分娩，是他教導我「正食」、引領我在山間生活、為我創造這樣的環境，因為這一切，我才可能體驗這樣美妙的自然分娩。

「剛剛出生了，是個男孩，很元氣喔！」明明滿心激動、胸有千言萬語，卻說不出太多話。電話的另一端沉默半響，傳來「是嗎……太好了……謝謝！」這句話。

想必他有點驚詫怎麼就在今天，一時不知所措吧？他跟我一樣只說得出簡短三言兩語，但我知道，此時他已熱淚盈眶，僅僅如此就是滿滿的祝福。相信我的感受，他全都明白，喜悅與感動已傳到他心中。

放下電話，晚上七點。夜幕低垂，整座山林都為了我們，輕輕地屏息，一切靜止，猶如神明降臨，將我們溫柔環抱。寂靜中，只有空氣生氣勃勃地流動。

我的左邊是新生寶寶，右邊是朋果，三個人並排躺著。朋果很快熟睡了，我也嘗試入睡，卻難以入眠。身體倦乏，但情緒依然高昂。

寶寶酣睡的氣息，散發出小小生命的溫度。生命不可思議！我的身體與世界沒有區隔，我與萬物生靈、孩子們的心，心心相印。我也對世界一切心生感謝，那是非比尋常、無法言傳的心境。

我獨自徜徉在那唯有安詳與慈愛，一切都淨空了的透明和平世界裡。那是一個用任何語言形容都將失真的世界，完全不是有意識在思考的狀態，或可說是，所有意識都消失了的世界。猶如從黑洞的另一側穿出來，自我完全消融了，沒有皮膚，沒有身體。

母親，是為了讓寶寶的靈魂從遠方彼岸通往這個世界的時光隧道，是為了將寶寶的身體從遠方天涯運送到地球的宇宙飛船。母親的角色任務，僅僅是容器、通道，此外，什麼都不是。

寶寶是從極樂至福世界前來傳達神明訊息的使者，為讓母親體驗——此時此刻、此處，就是極樂至福。那訊息超越言語與觀念，長趨直入。

這樣的平靜安詳，持續了幾天。三天後，明朱花和奶奶從青森回來，開始五人的生活。意識與身體逐漸回到現實，不過沒有上次產後的沮喪感，而是持續的平穩愉悅，就這樣安度寧靜的夏日。

三星期後，先生回到家，我倆一起為寶寶取名為「卓道（タクト，Takuto）」，祝福他邁步走在自己想走的道路上，也期許他成為自己人生交響曲中自由揮舞指揮棒的人（タクト亦指「指揮棒」，為德文 Taktstock 的音譯）。

◀ 福島磐城山上橋本舊宅庭院的鞦韆

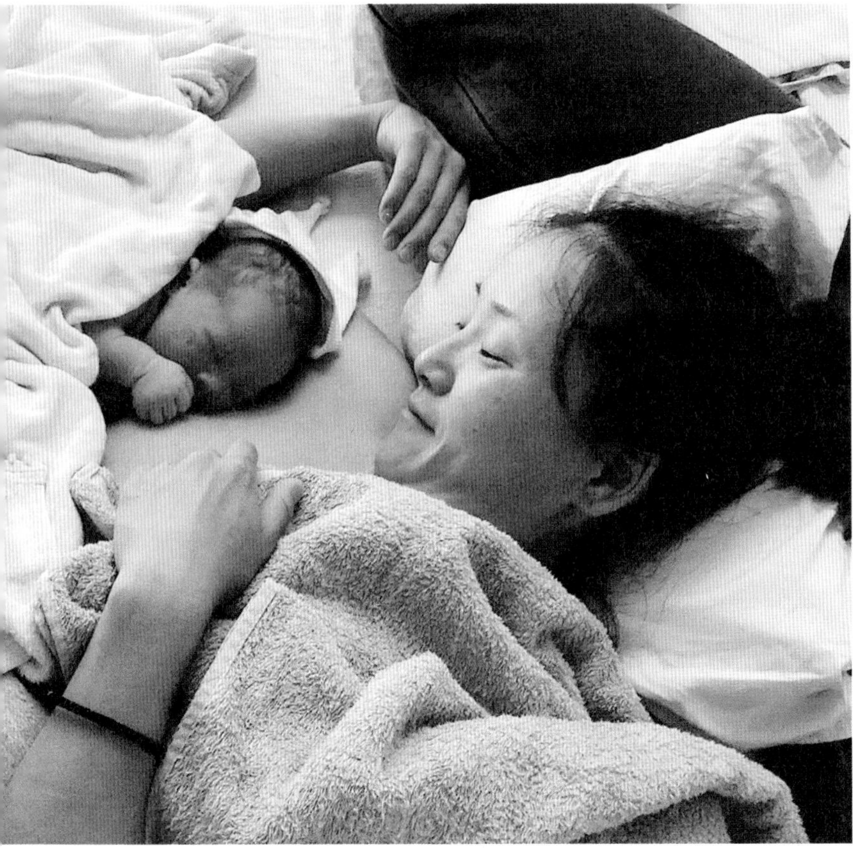

◀ 堅持自然育兒，不但五個孩子都在自家自然分娩、喝母奶長大，甚至次子連尿布都沒用過，以母親的靈敏直覺，精準接收嬰孩的排洩訊號，未曾漏接。

▲ 橋本家的女兒們也傳承了母親的純天然育兒法，上圖為次女明朱花在家分娩當日留影。

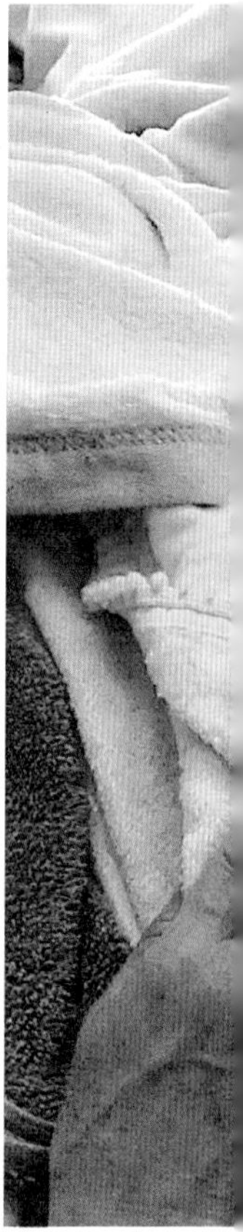

◀ 婚後選擇住在深山裡，就是為了在大自然中建立自給自足的天然生活，讓孩子感受大自然給予的驚嘆、好奇與感動。

▲▶ 五個孩子在大自然中盡情玩耍，也參與勞動，用全身心去感受、成長與學習。

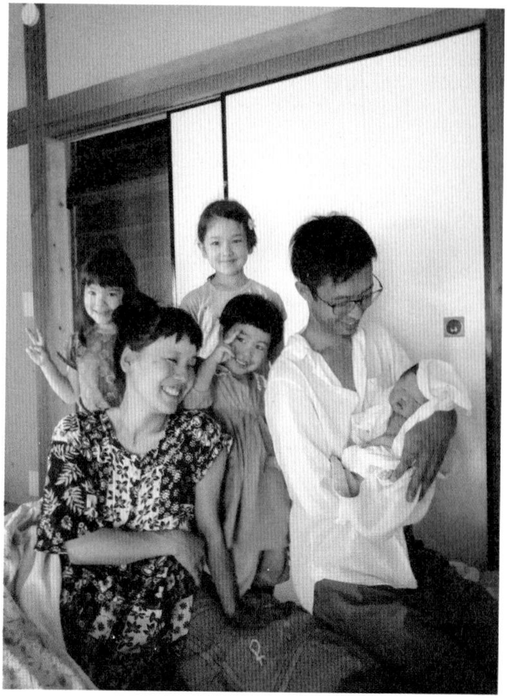

SAME
SAVE

▲▶ 京都郊區的橋本家，原為屋齡超過百年的古民宅，重新整修設計後，成為可以三代同堂的夢幻家園，也是與四周大自然美妙融合的藝術品。

▲▶ 家族三代一同在大自然中勞動、休憩、玩耍。

▲▶ 從小就在邊玩邊做中培養孩子「正食」的飲食觀，以及親手料理食物的能力與習慣。

▲▶ 橋本夫婦同心協力投入純天然育兒持家理想，歷經半世紀依然不改其志，並充滿幸福感恩之情。（上為新婚照，下為 2023 年 5 月京都家前院閒坐。）

第四章

生死皆自然不是病

昔日，誕生與逝世一直與平常生活緊緊相依，
然而到了近代，生與死幾乎都在醫院發生，
這樣是否正使得全人類對生命的感知逐漸減少呢？
保育這種感知，是育兒的首要重任，
在這方面，大自然能給予我們很大的幫助。
我能對此有些領會，
無疑是拜自然分娩經驗所賜。

常有人問我：「為什麼不想靠他人協助，決定獨自自然分娩？」

儘管知道這是個難以說明的主題，一路走來回覆種種疑問，轉眼已逾四十載。

雖然我明白以一般常識來思考，人家會這樣問都是理所當然，但與此同時，我也對「自己做了不尋常的事」有了更深的自覺。到底該如何回覆才能被理解？才不會被誤會？實在相當困難。

探索人與宇宙的關係

面對這些常見疑問，我首先回答：「只是想試試」。最坦誠、最直率的只有這句話。頓一下再繼續說：「我想確認自己是否還沒失去生物的本能。因為我也是一種生物。」

「這麼厲害的事，妳才辦得到。一般人不可能。」

我並不喜歡聽到這種說法，甚至有點失望被這樣誤解。

因為我真正想傳達的是，我一點也不特別，只不過是親身體驗後，稍微探觸到這種人人本具的自然力量。那是非常幸福的體驗，分娩是體驗這股力量的機會，而且是極為珍貴的絕佳機會。如果有更多人發現這一點、更多人好好珍惜自己和孩子，就太好了。整個社會變得更尊重生命，就太好了。

我想傳達的僅僅是這些。

在此必須聲明，我重視「自然地存在」，但不是一味崇拜自然。雖然自我挑戰自然分娩，卻不認為所有人都該那樣，也沒打算勸人人豁出性命做有勇無謀的舉動。每一個人的自然性、身心，以及生活背景都不同，只要能在所處的狀態中深入自我檢視、走自己相信的路就好。

我也沒否定在醫院分娩與醫療。因為對有需要的人而言，這些是重要的支援、救命的繩索。無論如何都必須珍惜生命、保護生命。但我希望那些無視自然之力、一切以經濟優先的醫療可以停止，希望人人擁有自我思考判斷能力及決策力。

重要的，不是分娩的形式、手法，而是人與宇宙的關係。正視自己身心，探索神秘，找到全新的發現與感動，各自追求自身的最大幸福，親子必定會共同開發一生的寶藏。

保育對生命的感知

也有人問，不依賴他人的協助，靠自力分娩，那不是孤獨的狀態嗎？

完全不是。

透過自身經驗，我更確信生產時「三位一體」的力量之必要——母親＋新生命＋宇宙力量。這些力量同時運行，相融相合，方能成就幸福分娩的瞬間。我深奉此為真理，可是，現代社會和母嬰相關專業職人有沒有認知到這點呢？只能說，至少我從沒自書籍和專業人士那裡學到這一點。

唯一例外是，生完五個孩子後，我專程去拜訪日本原住民阿伊努族最後的產婆——青木愛子女士。

預知我將至並等待著我的愛子女士，有種非比尋常的氣質，宛如一位薩滿巫師。在我的報告與提問之間，從她眼神深處讀到她傳給我的訊息：「使用與自然連結的力量活下去！帶著自己的使命活下去！」這訊息超越了語言能表達的範疇，是我以整個身心靈收到的訊息。

「分娩」不是病，是生物的自然運作、人生初始的一個活動；「死」也不是病，是終將降臨到每個生命的自然運作、作為人生終結的一件事。在這期間的「人生」，諸事來去如流，每個人都能普通地、平等地走過「出生、活著、死亡」的過程。只要細細品味、好好活著就好。

現代醫療發達，「死」漸漸成為難以近距離體驗的事，嬰兒的出生亦然。昔日社會生活中，誕生與逝世一直與平常生活緊緊相依，然而到了近代，生與死幾乎都在醫院發生，這樣的歷史演進，是否正使得全人類對生命的感知逐漸減少呢？

當然，並不能全歸因於此，只是，對生命的敬畏之情、對弱者的體諒與同理心，這些感性與覺知是否都逐漸在變弱呢？團體裡的霸凌問題、不斷增加的自殺案件，或許都是這種感性衰微所致的現象。為此憂心的，應該不只我一人。

我覺得，對生命的無常危脆、尊貴豐富有所感知，是極其重要、且人人絕不該失去的能力。保育這種感知，是育兒的首要重任，在這方面，大自然存在偉大的力量，能給予我們很大的幫助。

平凡如我能對這些道理有些許領會、且心情輕快地活著，無疑是拜自然分娩經驗所賜。

第五章

育兒優先的生活

母親對寶寶各種微妙反應的覺察能力，
對反映寶寶生理現象種種信號的接收力，
這是人類在進步過程中不知不覺失去的生物本能，
有必要再次喚醒。
就在日常育兒生活中，
邊觀察邊讓寶寶來教育、開發媽媽自己，
把覺知一再磨得清透銳利。

育兒生活從產後瞬間即開始。

生產之後忙碌的日常生活，一切以養育新生命為優先。我家五個孩子都吃母奶，離乳食也是完全親手製做的純素食。

一般人聽到「餵母奶」、「親手做」的反應都是：「唉！好辛苦」，覺得那怎麼可能，其實反過來看，這恰是最不費力的育兒方式。

外出時、愛睏時、心情不好時，寶寶的一切狀況都能以萬能母奶來應付。不需要準備熱水、不需要消毒奶瓶，也不需要考慮時間與場所，一切掌握在母親手中，媽媽多輕鬆方便！

母奶含免疫元素，是守護寶寶健康的最佳盟友。很多人擔憂無法計量的母乳是否足夠，但我相信能生產的母體必能分泌養育寶寶的母奶，當然，前提是母體健康、營養和休息都充分。寶寶吃母奶，多健康幸福！

餵母奶不必採購配方奶粉，能減少花費，又能換來寶寶順利成長，真可謂「一石多鳥」。

離乳食其實也能利用平日準備三餐的同時，在家人的飲食中選取可製成副食品的食材，下點功夫即可作成寶寶副食品，如此一來，不需另外花費時間就能完成。放下「營養均衡必須做到完美」的執念，在優質母奶還充分的時期與副食品併用進行，不必過於神經質。

自製食物除了有助養育健康身心外，比這個更大的收穫是，飲食習慣將影響此後長遠的親子關係。

這時期正是建立親子間親密聯繫的階段，良好的聯繫會讓此後的育兒生活變得較輕鬆。孩子的身體狀況取決於吃進口裡的東西（母奶和離乳食），體內若不舒暢，則鬧彆扭哭泣；若舒暢，則笑容滿臉心情好，親子溝通變得容易且自然。過程中育兒煩惱減少，對母親來說更輕鬆，對孩子的成長來說，也沒身心壓力。

「親自下廚」和「外食外賣」，只從當下的時間點來看，當然是前者比較費時費力。時下社會習慣將時間、勞力等等一切都量化計較，在此暫且不討論對此有何看法，畢竟要不要這樣，全憑個人自由，我個人始終認為並且堅信，隱藏在那些空洞數字背後的，是被人草率忽略的、無法估量的偉大價值，點滴用心保護那些價值，成果自會隨著孩子長大而展現，成果將是最有力的說明。

「入口」與「出口」都重要

「入口與出口極為重要」，這句格言適用於人生與萬事萬物，入口出口可理解為「出生與死亡」或「進食與排泄」。

讓我再次說明「入口」。

嬰兒時期的食物是母奶，在日本稱為「白色血液」。母奶為寶寶製造血液、細胞，讓寶寶身體成長，這是多麼不可思議的、單純又美麗的神祕禮物，只要母親提供良好母奶，孩子定能順利成長。

演講時，我常常對年輕的母親們說：「孩子的血液、細胞、頭腦是由妳們吃進口裡的東西製造的」、「妳們透過親手料理，既可製毒也可製藥。妳們持有如此大的力量」。

我每次都很想對她們這麼說：「不需要事事完美，但請為自己持有這樣的能力而感動，帶著尊嚴好好善用。」

再分享一個我的育兒特點。

我堅持自然生產、自然育兒，在日常生活中對「入口」抱持至大關心，也有相當的心得；對「出口」亦然。

我每天觀察嬰兒排泄物，作為健康狀態量表，透過觀察顏色和形狀，便能得知大致健康狀態。最初我有使用尿布。當時是一次性尿片的全盛時期，但我還是使用傳統棉布尿布，每天洗尿布洗到日暮西垂。

我堅持使用尿布的理由主要有二。

其一是站在環保角度，生產紙尿片損害森林、浪費能源、消耗經濟。我計算過養育一個孩子需要浪費的額度，具體數字已經忘了，但還記得當時自己相當震驚。這是全球嬰兒們正在被動進行中的悲劇。

其二是站在嬰兒的角度。在尿布上排泄時所感受到的不愉悅，是紙尿片沒有的（畢竟紙尿片就是為了減輕這種不愉悅而發明的），對此我抱持疑問。使用紙尿片，父母固然比較輕鬆，但對新生命作為生物的豐富感知來說，究竟是好事還是壞事？

我思考的結果是，讓孩子能夠敏銳地感受不快與愉快兩種感受，應該最重要。

感受尿布髒濕時的不快，也感受換尿布後乾爽的愉快，意識到大人為自己費心費力不怕麻煩，這是喚醒豐富細膩感知能力的寶貴過程。懷著這樣的想法，我用棉尿布養育了前四個孩子。

可是我心裡始終仍有個疙瘩。除了人類，其他生物都沒用尿布。那古人是怎麼處理的呢？

當然，我知道無視文明進化的跳躍式推論並不科學，這只是我個人對人類的自然感知純興趣的遐想。古人怎樣做，那我是不是也可以一樣做做看？

挑戰完全不用尿布

於是，第五個孩子一出生，我就決心挑戰完全不用尿布。當然前提必須是不弄髒衣服和寢具，不然搞得更費工夫就本末倒置了。

我下定決心，一次都不要失敗。結果，證明這是辦得到的。

么兒從出生就沒用過尿布，也沒因此造成任何閃失與麻煩。他讓我看到作為生物自然活著的正確姿態，感動之餘，也不禁想稱讚用心面對、卯盡全力的自己。

這是怎麼辦到的呢？說來話長，扼要來說，關鍵就在「負責對應的大人（母親）」的「生命覺知力」。

那是不怕麻煩的決心，以及母親對寶寶各種微妙反應的覺察能力、對反映寶寶生理現象（想要排泄）種種信號的接收力。這是人類在進步過程中不知不覺失去的生物本能，有必要再次喚醒。就在日常育兒生活中，邊觀察邊讓寶寶來教育、開發媽媽自己，把覺知一再磨得清透銳利。

具體來說，先反覆觀察寶寶細微的表情、呼吸、動作，如此一來，就能知道還無法用言語表達的嬰兒想要排泄時所發出的信號。這些信號實在太過微細，通常不能立刻發現，這就是為什麼說「需要母親敏銳的感知能力」。

一察覺這個信號出現，應即刻回應，將他抱起，讓他排泄。最初有成功，也有誤判，母子不斷累積成功經驗後，呼吸會更加契合、關係也會更加親密，同時彼此的感知能力也更加成長。甚至可以說，有一種心有靈犀的感通牽絆也越來越強了，此後，這對其它育兒相關的事務也會有正向的影響。

當然，對現代人來說，要磨練這種感知能力，從時間到生活方式的角度來說都不容易。這需要投入相當的時間，也需要相當的毅力。每天一公釐、一公釐，如同鋪疊一層又一層薄皮。不過，我深信任何作母親的人都可以培養這樣的能力，畢竟我也辦到了。

如今，我的女兒們也繼承了這樣的方式在養育她們自己的兒女。

孩子從母親體內出生，沒有母親就不能出生。母親是被託付萬般信賴的脆弱存在。既然如此，身為被孩子選上的母親，只要為完成責任而努力就好。就算有時遇到佈滿荊棘的山路、就算難免煩惱紛擾，但同時必也會有極大的學習與成長，將在喜悅與祝福中，由衷深感滿足。

日常作息就是家教

從出生到幼兒期、學童期的家庭教育非常重要。

所謂家教，並非什麼特別的事，不過是日常生活作息。起床、用餐、玩耍、睡覺，這些平常普通的行為裡，充滿著培育人身心靈與社會性等的重要元素。

細胞不停分裂、快速成長的孩提時期，是奠定人生基礎的時期。從攝取食物製造血液，從血液製造細胞，如果說「我們的生命是以食物製造的」，相信沒有人會有異議。

讓孩子有個健康的身體是天下父母共同的心願。為了製造孩子的良好血液，我和先生決定全家一起過只吃自然穀物蔬果的純素生活。當時，這是需要勇氣的艱難選擇。商店沒賣無農藥的自然食材，餐廳菜單也沒素食選項，我們只能精挑細選調味料與食材，全部親手烹調，外出時則帶便當。

如今，「素食」、「有機」漸漸普及世界，令人欣慰。我想，大概是因為人類過度使用農藥及添加物，造成的弊害已越來越顯著。從歷史角度思考，為了增產糧食、穩定糧食供應而開發的農藥，以及為了長期保存與全球化運輸、讓生活更便利而問世的添加物，都是可以理解的，從某方面來說，社會也因此受惠。因此，我並不是主張回歸一個完全沒這些產物的古代社會，只是覺得我們應好好思考它們對人體與環境的影響，不該一味偏重經濟或貪求一時便利，而將「創造健全生命」這個普遍的社會目標置之度外。

人類對任何事物都可能欲念膨脹，想要更便利、更多更多；然而，當欲念膨脹在飲食上，是不是造成了因體內囤積化學添加物而身體不適、病痛增加的結果呢？我並非專家，不想論述兩者之間的因果關係，只是為現今的孩子感到憂心。

我和先生是接觸化學添加物的第一代，我們的孩子是第二代，孫子是第三代。化學添加物已累積了漫長歲月。天生過敏、哮喘、肥胖、有疑難雜症等等兒童疾病，正在急速增加；全球暖化、大環境各種弊害，也正在急速增加。

全體人類社會不得不學習如何取捨欲念。以個體而言，若想營造健康幸福的人生，則須為攝取安全食物而努力，越多人實踐「不增加環境負擔、對健康有益的飲食習慣」越好。

我們家的餐桌禱告

後面我將更詳細介紹我家的飲食習慣，在此之前，讓我先談談我家用餐的一個特點。我家有個從大女兒出生開始的傳統習慣，那就是餐前大家一起合掌說：「感謝太陽、土、風、水，賜我美味食物……」第二句隨三餐稍微變化，早餐時是「……希望今天也能開開心心地玩耍」，午餐時是「……今天也開開心心地玩耍」，晚餐時是「……今天也開開心心地玩耍了」。

這是我們夫婦倆自創的餐前感謝詞，濃縮了我們希望孩子「好好感受並感謝孕育食材的大自然」的願望。為讓孩子一起說出，我們選用幼兒也能明白的簡單詞彙，四十多年後的今天，孫子們也能大聲唸誦，三個世代一起同聲齊誦。

在我們舉辦的半斷食課程中，也使用這個餐前感謝詞，來自全國各地的學員在餐前認真唸誦。幾年前，有位來我們家玩的小學生很得意地跟我先生說：「叔叔，我來教您，這是吃飯前要說的話喔！」他琅琅道出的竟然就是我們家的傳統感謝詞。

先生滿臉笑容地逗他說：「嗯，真是不錯的感謝詞，這是叔叔自創的喔！」小學生聽了瞬時目瞪口呆。

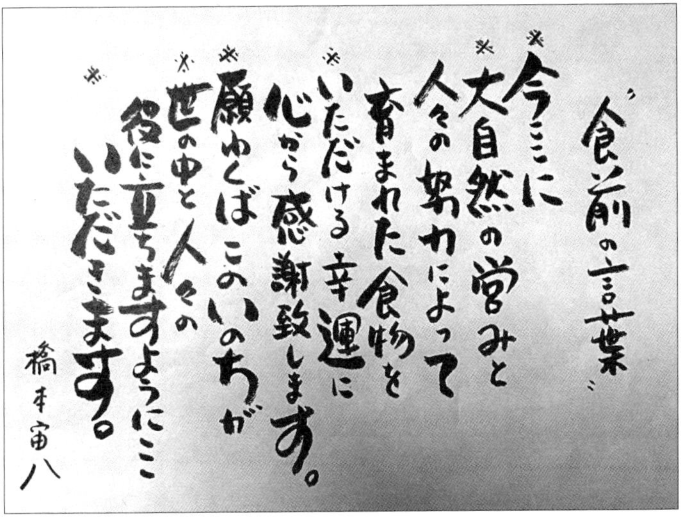

▲半斷食課程中使用的餐前感謝詞

原來三十年前帶著小孩前來參加半斷食課程的學員，把餐前感謝詞的習慣帶回家，後來小孩長大、結婚生子，也在自己的家庭延續這個習慣，餐前感謝詞也在那個家族傳承了三個世代。

這真是可遇不可求的驚喜！

第六章
「正食」的生活哲學

「正食」是結合了東洋醫學、漢方思維

和日本傳統家庭醫療的健康長壽飲食法。

首先要強調的是「一物全食」，

其次是「身土不二」。

從陰陽的角度來思考飲食，

從環境、人體、食材、烹調方法，乃至進食細節，

方方面面拿捏平衡，

最終以「中庸」為目標。

我們家的生活基本上是淳樸的鄉間生活，日常飲食則是天然蔬食，簡而言之，類似近年被認定為「安心安全飲食」的所謂「自然食」、「素食」。雖說相似，但我們實踐的不只是「飲食方式」，而是一種以「正食」生活哲學與世界觀為根基的飲食法。

我們家日常攝取什麼食物？先從調味料開始簡單說明。

我們家的基本調味料是鹽、味噌、醬油、醋、味醂、油。幾十年來我持續使用幾個愛用的品牌。常用的醬油有濃味和淡味；味噌有米味噌、豆味噌、白味噌三種；醋有米醋、蘋果醋、梅子醋、義大利黑醋四種；油有菜籽油、麻油、橄欖油三種。簡單但豐富，隨時加些辛香料和香草，組合變化，便可創出各種新美味，完全不覺得麻煩，而且還能偶遇「一期一會」的獨特滋味。

每天都要用到的調味料，如果含有化學添加物，那就喪失自然的原則了。所以，我使用的是以傳統古法製造的天然調味料，長時間靜置發酵，慢慢醞釀出來的甘味最為理想。

現在市面上販賣的調味料，大多是短時間大量生產且添加了添加物的產品。為了不讓消費者厭倦，頻頻推出各種高湯、醬料等便利包，多數產品買了一次還沒吃完可能就覺得膩了，所以我不大會被商業消費策略煽動。

為幼兒打穩味覺基礎

我們的味覺很容易被人工調味欺騙，然後變得麻木。為了不讓味覺麻木，就要打穩味覺的基礎，尤其幼齡期更為關鍵。至少在小孩三歲之前，可能的話到五、六歲之前，都要好好地培育味覺。這不是要使用味道強烈的調味料，當然也不是僅僅討好舌尖的食物，而是為孩子準備可以感受味道的微妙、並帶著鮮味甘味的自然飲食。

日本以米和麥等穀類為主食，這些我們都向不使用農藥及化學肥料的農家直接購買。現在也有越來越多消費者直接向農家購買。我們家曾經幾十年光顧相同農家，近年把「擴大自給自足」納入理想，還開始自己種米種麥。

接下來是各種食材。蔬菜、豆類、蕈菇類、海藻類，以及用這些食材加工的食品，如豆腐、豆皮、烤麩等，基本上也是選用無農藥、無化學肥料培植的食材。我們家在田地種植各季蔬菜，在山裡培植蕈菇，但只在家人可愉快生產的範圍，不足夠時則購買，朋友和鄰居也常送食材過來，已近乎自給自足。

這樣的社區交流很值得感恩，而且平日就建立互助關係也很重要，在天有不測之際能彼此支援，靠的就是平日積累的情份。

早在半世紀前，我們就開始了這種直到近年才較為人知的飲食法。這一路走來，其實並不輕鬆。帶小孩外出時，必定帶著點心和便當；家族旅行幾日時，必定在車廂裝滿旅途所需糧食，還得把鍋碗瓢盆都帶上，有點像時下的露營車之旅，食材則在沿途菜市場隨機購買。以世俗標準來看，那確實相當麻煩，不過其實也別有樂趣。育兒時期的飲食，我們家就這樣嚴格地實踐自然純素的飲食。

親手加工保存食物以惜福

除了親手烹調日常飲食，我也盡量自己親手做保存食品、醃漬品。

日本自古以來，家家戶戶都有像常備藥般珍貴的梅干、糠漬、醃蘿蔔。多餘的蔬菜，用鹽或醋醃漬，或是風乾曬乾，盡可能一點都不浪費。古早鄉下人家都是這樣自己親手處理食物的。

這種保存食物的生活智慧，是世界各地都有的傳統。這些都是經過漫長歷史淬煉、進化才傳承下來的生活智慧，近代世界全球化之後，這些智慧逐漸失傳，實在非常可惜。

昔時因應無常天災、缺糧隨時可能降臨，而用心保存食物以備不時之需，現代就算生活再便利，誰能斷言未來絕對不會面臨生存危機呢？所謂「有備無患」，這是珍重人類未來的智慧與生活文化，我想好好守護傳承。

有個源自室町時代（約西元十四至十六世紀）的日本詞彙「勿体無い」（もったいない，讀作 mottainai），意思是捨不得物品被糟蹋浪費，覺得「好可惜」。曾獲諾貝爾和平獎的肯亞女性社會運動家汪蓋瑞．馬塔伊（Wangari Maathai）造訪日本時，聽到這個詞深受感動，認為「勿体無い」兼容並蓄「縮減」（reduce）、「再利用」（reuse）、循環永續（recycle）深義之外，還充滿對天地的敬意（respect），於是在世界各地推行 MOTTAINAI Campaign，大力宣導「好可惜精神」，因而現在不少國際生態學者都知道這個日文詞彙。

在鼓勵消費、物資氾濫、浪費成風的時代，這個日本古老詞彙反倒被新世界所推崇。菜田收成太多時，不捨得丟棄，於是醃漬或曬乾來保存，這種手作耐存食品便是源自「勿体無い」的文化傳統。我們家附近曾經有些無人管理的果樹，每當時節來臨都結實纍纍，即使被鳥吃了大半也還有剩，「勿体無い」好可惜，所以我取得地主同意，每每採來加工成一年份的果醬等耐存食品，內心充滿感恩之情。

日日持續隨興實驗

過著如此講究食材、堅持親手烹飪的飲食生活，想必是很喜歡且很擅長烹飪吧？

我常被這樣誤會。我絕對算不上是以烹飪為志趣或樂於烹飪的人，甚至可說是剛好相反。

原本的我對食物完全不執著。相較於一般人，我對食物實在不大在意，只要能吃，吃什麼都無所謂。或許可以這麼說，因為對食物沒什麼執著，只是對飲食哲學的思考滿有興趣，所以反而可以簡單下個決心，親身去實踐某種飲食方法來一探究竟。如果對食物有強烈欲望，要改變飲食生活可能很不容易，對孩子們的飲食教育也可能更辛苦。

我真心想了解飲食是不是真的深切影響生命發展，透過每日不斷實行體會，我成功地「證實」了。之所以能一路堅持下來，其實是因為這樣的自我發現實在非常有趣，如此而已。

我的烹飪極為簡單，不過是充分利用現有食材的家常菜，只是，我會盡可能保留食材的生命力、引出食材的原味，也會為變化菜色費點心思。原本腦袋裡沒什麼食譜的我，不得不準備全家飲食、病人藥膳，以及節慶佳餚，當然吃了不少苦頭，也付出很多努力。

不過，別勉強自己才可能持續，飲食是一生相隨的事，頂重要的是量力而為、不勉強。

我的烹調方法是交錯使用生食、蒸、煎、炒、煮、發酵等傳統方法，也會參考世界各地食譜，連點心小吃、生日蛋糕、甜點、派對宴席等等，也都嘗試親手包辦，現在已越來越享受烹飪也享受用餐。

我認為即便再忙，也盡量不要用忙作藉口，而不親手料理食物。只要稍微用心、下點功夫，也可以做做「省時料理」。例如允許自己做一鍋「什麼都放進去的湯」就好，以輕鬆的心情下廚，鬥志和巧思總會意外地油然而生，而後烹飪將漸漸越來越有趣。

當然，在特別的日子和旅行時，享受一下外食也是好事，只是鼓勵大家儘量以「自己的飲食自己負責」為本。

請注意，不要譴責自己。改變生活習慣本來就不容易，朝著理想的方向一步一步慢慢前進就好，這樣比較切合現實。

我自己也是這樣，原本對烹飪興趣缺缺，是在每天持續的漫長過程中，才發現箇中興味，後來能在三十分鐘內做出五道菜，自覺好得意、好有成就感，烹飪於是漸漸成為日常家事主軸。

持續，就是最大的進步。即使到現在，我也稱不上是熱愛烹飪的料理達人，可是，每天不過花短短時間、少少努力，就能守護家人健康快樂，報酬率這麼高的工作，實在太值得了。

醫食同源身土不二

我們家飲食的核心是「正食」的哲學思想。透過烹飪去落實，哲學變得具體清晰，非常有趣。我常一邊烹飪，一邊在腦裡細細思辨。

正食有宛如東西方文化交輝的相對論，也有如物質與「氣」能量兼容的宇宙論，雖然學習已久，但以我的智力只達略知一二的程度，無法深入淺出闡述這個哲學。所以，在此僅向大家介紹實踐篇的具體方法，以自然穀類果菜，體驗身心的自然性。這個方法也被當作瘦身妙方、飲食養生法，現已流傳世界各地。

「正食」哲學認為身心狀態根源於飲食，主要分為「日常飲食」及「治病的療養菜單（藥膳）」兩種。日本向有「醫食同源」之說，據知是來自中國古早的「藥食同源」思想。「正食」簡而言之是，結合了東洋醫學、漢方（中醫）思維和日本傳統家庭醫療的健康長壽飲食法。

平日身體若稍微不調，光從飲食略微調裡，即可恢復平衡。不依賴醫療，而是在家中自行調養，這有助從生病的不安情緒中解脫，精神層面也得到釋放。這點是經過我們全家人多年來的親身體驗，也親眼目睹很多人藉此從病苦中恢復，這對在生老病死中的每個人都有極大利益。所謂「家庭廚房是生命的藥局」一說，即由此而來。

具體的烹飪方法，首先要強調的是「一物全食」。簡單來說是，不去皮、不丟棄的料理法。

除了少數不得不去皮的食材，一般基本上從內到外、從頭到尾一律食用。現代人把紅蘿蔔、白蘿蔔的葉子都當垃圾丟棄，但其實連皮帶葉完整攝取，能量更強、營養價值更高。明明不去皮比較好吃、也比較省事，不知道為什麼現在會演變成習慣去皮？不過，如果是農藥較多的蔬果，還是去皮較好。

其次，「身土不二」的思想也很重要。盡量選用在地風土與氣候養育出來的食材。例如，日本夏季與冬季的溫差很大，各季採收的農作物也大不相同。炎炎夏日，有降低身體熱量的番茄和小黃瓜；寒冷冬天，則有提高身體熱量的紅蘿蔔、白蘿蔔、牛蒡等根莖類蔬菜。農作物配合季節而生長是自然法則，人也是自然的一部分，順隨自然循環而生活，對身心的壓力都較少。

多樣化與全球化日新月異的現代，隨著農業技術的發展，各種農作物不分季節皆可培植採收，市場上因而可以全年出現相同的食材。在這種現實下，我們更是不得不思考地球廣大多元性與各地每個微小生命個性間的微妙連動關係。為了儘量與大自然「配對」，料理的使命順應而生，提升料理技術也更形必要。

調和陰陽保護環境

除此之外，在全球化時代，世界糧食偏倚失衡、環境破壞、經濟不均等問題，與每個人的生活息息相關，認真從永續觀點來檢驗生活飲食，是非常重要的。那是「地球只有一個」、「我們都是地球人」的思考方式。

無論何時何地、人人都可能取得世界各地糧食，這乍看是值得高興的事，可是，我們真的需要世界另一端的糧食嗎？毀滅森林只為了製造肉類，真的有必要嗎？糧食分配如此不均，真的好嗎？希望大家稍微停下來，騰出內心空間思考一下，只要每個人改善百分之一，整個地球肯定會有極大變化。

以具體細節來說，即是「保持陰陽調和的料理」。這是與其它減肥法、健康飲食法最不同之處。其根本思想為，世間萬事萬物皆為陰與陽兩個要素組合，陰陽消長平衡的力量，維持了恆常變化流轉。

從陰陽的角度來思考飲食，從環境、人體、食材、烹調方法，乃至進食細節，方方面面拿捏平衡，最終以「中庸」為目標。例如不吃肉類等動物性食品和白砂糖，並非消極排斥，而是基於「為了更容易取得陰陽平衡」，把陰陽當選擇食物的「指南針」，讓進食後的身體狀態接近中庸，則更容易自我管理、維持健康。

正食哲學認為，身體狀況不佳的原因是，身心內在陰陽失衡，或者身體跟外部環境關係的陰陽失衡，因此只要給予有助恢復陰陽平衡的飲食，則能恢復健康。例如，感冒發燒時，先診斷發燒的陰陽，如果是陽熱則補充酸味果汁，如果是陰熱，則供應葛粉湯、番茶。頭痛與腹痛也一樣辨症進食。

小孩身體不適時，未必需要就醫治療，只要平時觀察孩子狀況，善用陰陽的知識、累積經驗，媽媽就能宛如家庭醫師，簡單解決輕度不適。

科學藥物的藥效迅速，相較之下，飲食療法、古老傳統醫療普遍不被重視了，然而，那樣的療法溫柔對待身體，往往更能從根本處理問題，達到改善體質的結果，也不大需要擔憂副作用，是更令人安心的方法。非常遺憾的是這些智慧正在漸漸失傳，我認為有必要趁早開始請教身邊的老人家，將傳統生活智慧好好傳承下去。

但說到底，「防病於未然」才是最理想的保健法，其實只要以日常飲食維持良好的血液狀態，就不容易生病，日常生活才是最重要的。

現在，我已有八個孫子孫女，分別為零歲至八歲，其中六個正以「正食」理念、採純素無化學添加物的飲食原則養育。

我們家的飲食方式，如今已由三名女兒繼承，在各自家庭中實踐發揚。作為母親，我很為此欣慰，但我從沒建議或勸說過她們，是她們自己覺得她們被養育的方式是理所當然的。當然，她們明白這樣的方式在社會上是少數，也早知道婉拒學校營養午餐、每天親手做便當有多麻煩，不買超市零食有多不便，但她們仍選擇延續娘家的生活方式，應該是她們實際感覺到受惠於這種生活方式吧！

孩子的避風港防波堤

我常被問到，孩子小時候曾質疑挑戰家裡的飲食生活嗎？即便過了四十年，仍有人問。可見，很多人覺得這是個難題，也為此苦惱。

這確實讓我煞費心思。

我對這問題的回答，簡單說就是「沒有」，更準確點說，應該是「在我看來沒有」。但這並不是說我們完美控制了孩子，或不在乎孩子的欲求。

我們家孩子的日常飲食就是大人擺在餐桌上的，我只是默默準備、淡淡提供天然、純素、手作料裡，無論身心都只以這種方式照顧，一切盡在日積月累潛移默化之中。

孩子們或許不是自覺性的認同，而是半接受、半放棄地漸漸妥協調和吧？也因我們沒提供其它飲食，孩子們根本沒有選擇餘地。我從未問過孩子們，問了或許也只得到「不知道」的回覆吧？

孩子們長大後才聽說「正食」、「素食」這些詞彙，而且是從他人口中聽到，還回家問我那是什麼？這種飲食方式對他們來說不是一種理論或概念，而是從一出生就一路順隨的日常生活。

我知道一般人會覺得我們家的飲食不大「普通」、「正常」，我也知道，社會對「差異」並不是很寬容，所以，早在我們做此選擇之初，已對沿途可能遭遇的風暴有心理準備，但對可能傷及孩子的風暴，則必須謹慎閃避。父母是孩子的避風港、防波堤，盡可能低調守護。

堅持自己的道路固然重要，讓孩子們對差異有所覺察、懂得如何與社會、他人和睦共處，也很重要。無論生在什麼時代、什麼環境，人生總得邊走邊摸索平衡之道。我認為，父母能為孩子做的，僅僅是培育孩子身心健康的基礎。當孩子還在父母身邊的時候，父母的日常生活方式與態度就是教育，離開父母後，則隨個人自由發展。

我們家的孩子都在十幾歲相繼離家，或往城市、或往海外，不再受父母視線與價值觀的約束，飲食和生活方式當然也完全自由，肯定有過不少冒險挑戰吧？有冒險挑戰是理所當然的，完全沒有反叫人擔心。

吃從未吃過的食物，身心必然都有反應，不過，只要能靠自力治癒就沒問題，這就是發揮所謂的「生命力」。當飲食習慣改變，身體這「有機體」也會隨機應變，這不正是探索飲食與身體微妙關係的精彩有趣之處？雖然當下難免驚訝困惑，但在面對的過程中，將逐漸領會如何與身體達成協議，找到真正合適自己的飲食。

一路以來，我這母親肯定有許多做得不好或不夠的地方，但我已盡力，此後就交棒託付給孩子們繼續前進。

如今，孩子們各自成家，也建立了自己的生活。看到兒孫都健健康康、活活潑潑，作為父母的我們，應該可以坦然自信，我們給予的家庭生活對他們的人生多少有些幫助吧！

第七章

以孩子為師

孩子雖是從我的身體而出，
但我幾乎沒有「這是我的」的感受。
分娩時就覺得，
孩子們像是從遠方穿越我的身體而來。
孩子常感受到我所無法感受到的，
也會被某些我根本渾然不知不覺的事物所影響，
我既無法判斷，也怕自以為是地去判斷。

孩子們年齡各隔兩歲的手足關係，非常有趣。

有時獨自一人，有時兩人一組，有時合成一團，關係變化無窮，幾乎叫人懷疑是否有誰在某處巧妙遙控似的。

孩子發出的「獨立宣言」

果遊總扮演長女的角色，弟妹都絕對信賴她，甚至比信賴父母更深。可見她平時多麼照顧弟妹們。果遊六歲時，在山裡的小學分校讀了一學期後，便決定在家自學。我們感覺她越來越緊繃，所以在跟她討論之後（話雖如此，她才六歲，或多或少是遵從父母之意），做了這樣的決定。

當時的我們認為，無論在學校體制內外，都應尊重個性、自由選擇學習方式。也許多少受到這種想法的影響，五年之後，她又主動提出，想去上小學最後的六年級。

在家自學的日常，除了中午前少許自學自習的時間，其它時間都自由玩耍。家事和料理則由大家一起合作。這個弟妹眾多的長姊，其實從小一直輔助著家事能力欠佳的母親，小小年紀便展現超群出眾的主婦風範。

卸下這些角色責任，自由獨處時，她經常哼哼唱唱。她那些靈光一現的旋律、即興的歌曲，我都好欣賞。我曾經奮筆疾書，記錄下聽到的歌詞，例如下面這首，她自顧哼唱了快一個小時：

我出生在地球
我好喜歡喜歡呦
出生在這裡真是太好了
如果地球無邊無際擴展就好了
無邊無際
地球是我出生的地方我的故鄉
非常美好

好喜歡這樣的地球
地球朝向廣闊的宇宙之海

生命非常珍貴
生命只有一個
只要有生命
旅行真快樂

大家一起玩呦
大家成為朋友喔
世界真快樂啊
非常快樂啊
綠色好多呀
啦啦啦啦啦啦啦啦啦

那是她剛學會「地球」、「宇宙」等詞彙的時期。

話說有次跟果遊散步，忘了是春天還是秋天，總之是讓人想仰望天空的日子，走在我前面的果遊，頭也沒轉、突然拋來一句：「媽媽！果遊不是媽媽的孩子，對吧？」

「啊!?」我沒反應過來，一時啞口無言。

停了一下，她繼續說：「雖然是從媽媽的身體出生，可是不是媽媽的孩子，是宇宙的孩子！」

這句話彷彿是七、八歲的孩子發出的「獨立宣言」。

「宇宙之子」的想像力雖然讓人驚喜，卻也有點超越母親的意味，媽媽聽起來有點寂寞呢！至今仍記得，當時為了掩飾窘態而支支吾吾、含糊回覆。

是的，雖是從我的身體而出，但我幾乎沒有「這是我的」的感受。我在分娩時覺得，孩子們像是從遠方穿越我的身體而來，或許果遊早已莫名領會到我的感受。

果遊總讓我驚嘆，親子之間竟能這樣深刻交流。

反省自己育兒的傲慢

六歲的樹生馬，是個愛笑鬧的孩子。也許因為一出生就跟姊姊形影不離，他有種靦腆的溫柔，也許為了掩飾靦腆，才故意表現得嬉戲笑鬧。

對於果遊的提議，他總二話不說地遵從。姊妹們有個時期沉迷於穿長裙跳舞，這時他就成為「舞台幕後人員」，得把剪碎的報紙裝進空紙巾盒，往樓下的房間散撒。扮演公主的姊妹們正翩翩起舞，他看準時機讓「雪花飄飄」，撒完了再跑下樓撿，撿好了再跑上樓撒，撿撿撒散，只為確保姊妹們都稱心如意。

總為姊妹們著想的他，獨處的時刻也比其他孩子多。那通常是他想要玩、但其他女生沒興趣，只好單槍匹馬。

想玩接球，偏偏爸爸和姊姊都不太想玩，沒辦法，只好試著投擲木板，自己跟自己玩。想要製作弓箭，看書依樣畫葫蘆，用木棒試做卻不盡理想，邀爸爸一起做，但爸爸總是很忙。一個人埋頭苦幹，終於完成，但卻是支不如人意的箭，不禁落寞無奈。

無數次的落寞無奈，對六歲的樹生馬來說，無疑是種試煉。儘管如此，他依然揹起不管用的弓，把飛不起來的箭裝進用紙箱做的箭筒，昂首闊步上山。他的背影述說了內心「不管是否有用都必定要做」的強烈欲求，讓先生和我反省到我們沒好好陪伴他，不禁有愧。

他是眾女兒中唯一的男孩，我對他有時相當嚴厲。對他當時率真的自我表現，我總以女兒們的標準一概而論，也曾輕率地把他的自我主張當作無理取鬧來嚴厲叱喝，甚至採取過把他逐出家門的管教方式。

我有些固執，樹生馬多少也遺傳了這樣的性格，有時我們的關係會陷入僵局，之後想讓步卻找不到台階下，只能讓時間去解決，沉澱一晚，勉強充當和好。

那段時期的某一天，我的目光停在客廳牆壁上的一行字：

「知亞季這笨蛋白癡傻瓜蠢材（ちあきのバカアホどじまねけ）」

我一看那醜醜的字，肯定是樹生馬！什麼時候寫的？看看這孩子又幹了什麼好事！

他在最顯眼的地方，像精雕細刻般，一絲不苟用原子筆寫下。猜想是坐在擺在一角的沙發上寫的吧？大概是某個又被我責罵的日子，覺得自己受到不可理喻的對待，陷坐沙發悶悶不樂，最終按耐不住滿腹委屈而留下的傑作吧！

在這種情況下，把剛剛記住、剛學會寫的平假名和片假名派上用場，真是服了他。

我想馬上把他叫來，命令他馬上給我擦乾淨，但轉瞬又打消念頭。他能這樣發洩情緒，我莫名高興。「嗯，就這樣吧」我決定讓它就留在牆上。雖然讓訪客看到時，不免有點「家醜外揚」，但對我而言，這行字促使我反省自己育兒的傲慢，至今仍像座右銘般、強而有力地留在那裡。（圖見 p.203）

圓圓栗子頭、圓圓栗子眼，這是可愛的六歲樹生馬送給媽媽的禮物。

與花草分享心事愛語

明朱花是個氣場強大的孩子，獨立自主，完全不像四歲。她跟著兄姊有樣學樣，覺得能做的事自己做是理所當然的，不依賴別人也是理所當然的。我不記得曾為她操過什麼心。

用餐時間，不管周遭如何上演鬧劇、杯盤交錯，她依然專心致志、有始有終把飯吃完。

有一次散步的途中，前方有條小河，我見有點段差，而她腳步不穩，於是從身後將她抱起，幫她渡河。明明我是出於疼惜之心，為了她好，豈料她一臉不爽，甚至可說是惱火了。她居然掙脫我的手，轉身返回原來的地方，自己再渡一次。我愣住了。

明明有人幫她輕鬆渡河，卻不合她意。她以自己的雙腳重新渡河，一臉滿足，一語不發地大步前行，留下既錯愕又佩服的媽媽。

她堅定明確的態度，讓本來就對子女比較寬心的我深感欣喜，於是更加隨她自由發展，結果她也真的越來越茁壯成長。

不過，老成持重的明朱花也有天真爛漫的一面。她出門散步回來，手裡必定握著一束可愛的花朵。

散步時的我絕非心不在焉，也是一邊享受自然，望山、觀樹、賞花、看草，聽流水潺潺，聞鳥啼啾啾，然而，跟明朱花顯然有雲泥之差。究竟是注意力的不同？抑或是觀察力的不同？總之，她慧眼獨具，總能發現一些什麼，握在手裡帶回家來。有時是春天的花朵，有時是夏天的雜草，有時是秋天的枯葉或果實，有時是冬天荒野中挺立的枯枝……，每樣都是能精準代表當下季節與環境的東西，明明只是隨意採摘，卻都光彩耀眼、美不勝收。

有一次，我凝視她手中花束，再比較自己摘的花束，「為什麼差這麼大？」漫不經心自忖，忽然浮現答案——原來如此！明朱花跟這些小小植物們是朋友啊！

我恍然大悟，明朱花與植物們分享自己內心無法轉換成言語的愛，她將愛的訊息化為「花束」這個有形之物，這是比其他人不懂得撒嬌討愛的她，微小的求愛表現。也許，在想哭但哭不出來的時刻，不甘心但無計可施的時刻，努力了卻無法達成的時刻，這些時刻的心情，因託付給植物們而能得到紓解吧！

我以為明朱花性格好勝、努力、固執，但也許柔軟的一面才是她的本性。我很慶幸能在她四歲時，留意到她的這一面。

大人無法理解的感受

老四朋果在大家的扶助下成長，性格善感、脆弱，散發一種若不小心呵護就會破碎的氣質，理所當然地常得到周遭的援助。兄姊們抱著她坐鞦韆、外出時被牽著手走、無論為了什麼而哭，大家都會飛奔上前、關懷備至。

最能體現她被無微不至照顧的模樣，是大家熱鬧哄哄圍在餐桌的時候。我們家用餐時通常以大盤盛菜，愛吃多少隨意自取。上面的三個孩子到了能自己用筷子或湯匙的年齡，都理所當然地自取，只有朋果從一開始就不一樣。

她手指一指「那個……」，就算是擺在眼前、伸手可及的食物，也是「那個，給我……」，坐在一旁的無論大人或小孩都馬上應是，就把食物送到朋果面前。

這樣的互動總是毫不勉強地順暢進行，大家似乎都覺得只要她可愛回聲：「謝謝！」呵護她就有了意義。連有點給人添麻煩的時候，大家也頂多說句：「真是的，朋果這公主……」依然照做。

倘若朋果得寸進尺而被寵壞，那就相當不妙，然而我們的互動是那麼自然。無論痛苦或悲傷，朋果的感受總是表現得比我感受到的多三倍以上，但卻不會讓人覺得誇張，反而會想說，其中一定有某些我們無法理解的。

無論是生理上或情感上，她常感受到我所無法感受到的，也會被某些我根本渾然不知不覺的事物所影響。所以坦白說，她想表達的、在我聽起來像「一」的，實際上是「一」還是「十」，我既無法判斷，也害怕自以為是地以自己所理解的模式去判斷。這不僅僅是直覺，而是出現過多次可能造成生命危險的實例。

至今，每次迎接朋果的生日，我都由衷想說：「啊，好不容易又活了一年，謝謝！」對我們全家人來說，朋果是蘊含著多層意義的存在，從「不好好守護，可能會破碎」、「無法不幫她」，到「她擁有與我們不同的某些什麼」，到「或許她教會了我們某些重要的、巨大的什麼」。

內在似乎有個老靈魂

么兒卓道從小就沉穩乖巧。也許因為我決定不用尿布，他一需要大小便，我就已察覺並處理，所以他也無需哭鬧。一、兩歲時，我發現他有時玩到一半會停下來凝望遠方，時間彷彿暫時靜止，讓我覺得他內在似乎有個老靈魂。

如今回憶卓道襁褓時期，除了沒錯過他發出的排泄信號外，忙於家事的我幾乎沒費心照顧他。年幼的弟妹哭泣或有需求時，兄姊們總是主動衝去關心，在兄姊守護、引導下，感覺他很快就長大到能夠滿山奔跑玩耍。

他讀小學時，同年級只有三名學生（這所小分校在他們畢業後兩年廢校），三人總是形影不離。低年級的時候，兩個同學都在玩一種手槍玩具，用小子彈射擊樹木、石頭，或互相戰鬥。可想而知，兒子也想要，但他卻沒對我說。有一天，我在他房裡發現一把玩具手槍，問他哪來的？他說：「朋友買了新型的，所以把舊的給我。」

該怎麼處理才能兼顧兒子的心情，也不辜負朋友的好意呢？我不想責備他，卻也實在不希望他玩手槍遊戲，於是，直接向他坦白自己的為難。也許這是媽媽的固執，但手槍是以殺生為目的的工具，即使只是玩具，也不希望孩子擁有。

兒子默默無語，低頭聆聽著，內心大概有千頭萬緒吧？沒得到母親支持的悲傷、想跟朋友同樣一起玩耍的欲求、不知如何是好的無奈……。當時我想，此情此景下，體驗掙扎糾結也是必要的，所以就暫時沉默半晌，然後再拜託他把玩具還給朋友。

隔天，他照做了。他如何向朋友說明？那之後三人有沒有再一起玩手槍遊戲？期間各自做出什麼妥協？我沒再過問，一概不知。

這樣處理對嗎？我沒有答案。無論如何，育兒過程中的大小事，我只能竭盡當時的智慧去應對。

在我印象中，卓道成年之後也從未曾表露憤怒的情緒。不知道是沒這樣的情緒，還是擅長自我管理？不過我相信他本來就是一個溫柔善良的人。

第八章

與孩子共度四季晨昏

我們選擇住在深山，也是為了育兒。

在大自然中盡情玩耍，

用整個身體、所有感受，去接受大自然給予的禮物——

一種驚嘆、好奇和感動。

孩子的內心世界就像玩具百寶箱，

或是謎樣的愛麗絲奇異世界？

不，也許是彷彿浩瀚宇宙般，一直無限延伸開展。

我僅僅在一旁望著孩子們的遊戲，

便深深覺得幸福。

孩子們的玩耍，種類相當豐富。

山裡冬天寒冷，除了下雪時玩雪之外，大多時間雖在室內，但孩子們才不會呆坐不動。整棟房子被孩子們主宰，成為基地、樂園，玩得天翻地覆。

在陽光照射的房內隨興圈地，即成廚房。「媽！幫我拿一下便當盒跟包巾！」用積木和紙張，下廚烹飪。一邊說著：「這是茶，這是蜜柑，這是點心」，一邊把滿滿的積木便當塞進背包喊道：「我出門啦！」據說是去野餐，然後在屋子裡轉來轉去，「啊，就在這裡休息吧」，把便當取出來，才聽見「吧唧吧唧，好吃好吃」，轉眼已經吃完了。忽然又聽見「好，來看書吧」、「對了，來搭電車吧」、「來做機器人吧」……七嘴八舌，意見紛紛，轉眼又齊心協力一起用積木創作著什麼。就這樣，一玩就是幾個小時。

我問：「野餐呢？」

「這也是野餐喲！」

我建議：「要不要先放下這麼重的背包？」

「這樣就好！不重啦！」

我叨唸：「要不要先收拾好這邊，再玩下一個遊戲？」

「自由玩才開心，待會兒再一起收拾！」

在孩子們的世界裡，我的話完全是秋風過耳。那是一個野餐、家家酒、洋娃娃、閱讀、怪獸遊戲、唱歌，全部同時進行的「平行宇宙」。

也許孩子們的內心世界就像玩具百寶箱，或是謎樣的愛麗絲奇異世界？不，也許是彷彿浩瀚宇宙般，一直無限延伸開展。

我僅僅在一旁望著孩子們的遊戲，便深深覺得幸福。

盡情扮家家酒

我也很享受跟他們一起玩耍、活動身子，在室外日光浴、躺在土地上、爬到樹上聊天、在河邊嬉水……。

溫暖舒服的午後，散步途中稍微歇息一下。聽見孩子們在身邊玩沙、摘草的聲音，我很快就睡著了。忽然又聽見孩子們的笑聲從遠方傳來，一下醒過來，安心地躺著，旋即又睡著了。那既是短短的片刻，又是悠悠的時光。感覺自己彷彿不是自己似的，空氣般輕輕、暖暖地漂浮在宇宙裡。

那時孩子們在身旁，邊玩邊等我醒來，不叫醒我，也不打擾我。

「啊，我被孩子們守護著呢！」醒來看到藍天，有點不好意思，滿懷感恩卻無法率直對幼小的孩子道謝的不好意思。

孩子們都喜歡玩扮家家酒和幫忙做家事，在模仿大人如何生活中，學習「生活」。我希望孩子們盡情地玩家家酒，將這份玩樂的心轉移到長大後的現實生活中。

最初，先讓孩子幫忙餐前準備和餐後收拾。不以命令語氣，而是以玩遊戲的歡樂氣氛，孩子們肯定都非常興奮，雀躍地參與。

先讓跟蹌學步的孩子，一盤一盤把餐具從廚房端到餐桌。大人適時以「小心喔，慢慢來，掉下來會破喔，別讓它掉下來」等鼓勵的話語在旁打氣。完成任務時，小孩大人都大力鼓掌。孩子得意的笑臉上展現出一種完成艱難任務、被信賴的喜悅與自信。

像這樣，依據各自能力，拜託孩子幫忙家事。最初是一個盤，慢慢增加數量。孩子按照自己的能力循序漸進，從小心翼翼不打翻盛著食物的盤，到後來還能觀察當日用餐人數準備餐具。得到大人讚許和肯定後，孩子就能靠自力向上。

這股想要成長的動力，十分珍貴美好，促成這種動力自然發展的，正是每天瑣細日常的積累，像爬樓梯般、一階一階累積教育的厚度與高度。

順便一提，現在分別為六歲、四歲、三歲的孫子，用餐完畢說了：「阿嬤（為他們料理該餐的人），好好吃，謝謝款待！」之後都會各自把餐具端到廚房。

在我們家，「用餐」這個行為，包含了餐前準備到餐後收拾的整個過程，無論是餐前準備還是餐後收拾都是大家一起來。

除了「培養習慣」、「學習規矩」等考量，更重要的是，我希望家人能自然地用身體去感受——所謂「家庭生活」，是全家人一起完成的共同作業，帶著互相感謝的心情一起過日子。

▲▶ 用餐前後，孫子們全都自發地加入準備、收拾工作。

支持孩子下廚玩烹飪

習慣幫忙各種家事的孩子，接下來很自然會說：「我也想下廚！」用泥土和花朵做的家家酒便當已無法滿足他們，處理真實料理的渴望開始蠢蠢欲動。

此時，注意不要澆熄孩子的興致，那是孩子順隨「想要成長」的自然欲求，而理所當然會有的表現。

然而，如此珍貴的成長時機卻常被錯過、被浪費了。因為「孩子幫忙反而更費時」、「廚房被弄得亂七八糟」、「刀很危險」、「我太忙沒空」……等等大人的理由，孩子的心意草率地被忽視了。

確實，讓孩子下廚很可能把水和麵粉灑得到處都是、用刀不當真的很危險，大人只想趕快煮完吃完收完。相信不少父母都對孩子這樣說過：「別來鬧，自己去玩、去看電視」，就這樣把孩子趕出廚房。

那個當下充滿著能夠轉化成人生至寶的成長要素，卻被如此不經意地捨棄，實在太糟蹋了啊！

其實不需要每天，只要大人願意付出一點努力，抽出十分鐘的時間，就可能讓孩子有極大的成長。孩子到了想下廚的時機，父母也可主動邀約：「一起煮吧！」孩子肯定興高采烈穿上圍裙站在廚房。

最初能幫忙的事並不多，大概是手撕沙拉菜等簡單小事，孩子卻是百分之百地開心。無論什麼都可以，只要配合孩子的年齡、實際能力狀況，持續下去。

在我們家，有的孩子約兩、三歲就開始學會用刀。孩子有手巧與手拙的差別，絕不勉強。使用有危險性的工具前應詳細說明，如一隻手如何握刀、另一隻手如何配合等等。雖然任何事物都是如此，但使用工具時更要事先詳細說明。到了五、六歲，漸漸能把小黃瓜、紅蘿蔔切得美觀勻稱。讓孩子用玩樂的心情去做小茶點，學習最容易上手。

在享用孩子參與完成的料理時，全家人都邊讚邊吃。「讓家人高興」的喜悅與自信，將在孩子的笑臉上閃閃輝耀。孩子會因而漸漸對烹飪更有興趣，廚藝也更精進。充滿歡笑的日常餐桌，會讓親子之間的信賴關係更深、家人之間的幸福更濃，對提高孩子的自我肯定感也大有幫助。

人只要活著，就必須食物相伴。烹飪跟呼吸、工作、睡覺一樣，是人生不可或缺的。希望大家能意識到，烹飪是一門能善巧延續生命的重要技能。

接受大自然的禮物

我們選擇住在深山，也是為了育兒。

在大自然中盡情玩耍，用整個身體、所有感受，去接受大自然給予的禮物——一種驚嘆、好奇和感動（sense of wonder）。

孩子從早到晚，跟大自然親密玩耍。在林間撿拾果實、發現昆蟲、揉捏泥巴、排列石子，在河裡游泳，大自然充滿著取之不盡、玩之不膩的材料。

在無拘無束無邊無盡的玩樂之中，孩子從萬木發芽的鮮嫩色澤體會季節更迭，從百花和彩蝶的嬉戲認識美麗與無常，從河川溪流明白水的作用與危險，從太陽和風雪學會酷熱與寒冷，用五感去感受一切，從而培育六感與七感。作為父母，僅只是在旁看著，也覺得滿心歡喜。

▲ 橋本家的小孩常獨自在林野間玩耍，大人不會為此緊張過慮。

除此之外，得到「在大自然中建立生活」的實際感受，也是莫大的恩賜。

每天為了篝火和燒泡澡水的撿柴生活、在河川清洗用來醃漬的蔬果、採收當季時鮮、善用能入藥的草木……，能在日常中處處與大自然為伍，這在現代是非常難得的。這樣的環境守護並開發了原始生命力，也培育了野外求生的基本技能，未來在遭遇自然災害時，也必能激發存活下去的應變智慧。

大自然並非盡是溫柔，也有險峻的一面。

寒冬結冰的道路容易滑倒，颱風時樹木容易傾倒……，這些攸關生死的事情，都必須親身以自己的能力去應對，就算實際操作的是大人，讓孩子就近體會是很好的教育。不會過於便利、或說多少有點不便的生活環境，更需要運用智慧與巧思，作為「教育的環境」來說，其實反倒正好。

說到大自然的險峻，有件事至今想起仍讓我直冒冷汗，深刻反省。

那是一個綿綿陰雨後的晴天，孩子們跟著年輕客人外出玩耍。當時年紀較大的孩子只是小學生，年紀小的還是幼兒。雖然他們常常這樣外出玩耍，但那天他們早上出門，直到夕陽西下都還沒回家，令我十分擔心。

等孩子們回來，一問之下，原來他們沿著森林的溪流展開探險，在河床岩石間飛跳，不知不覺順流而下，到了一處河幅變寬、形成類似瀑布的地方，他們爬著獨木橋渡河。雨後，巨大岩石間形成激流，岩石又圓又滑，萬一跳躍時沒踩穩、萬一渡橋時沒爬好，肯定會被激流沖走。

若只是小孩子自己應該不會玩到那裡去，把孩子託付給不懂得斟酌危險性的人，是我判斷錯誤，我捏把冷汗之餘，深深反省自責，所幸當天所有人都平安歸來，實在感謝神明。

在那之後，我才開始比較留意孩子們的活動範圍。活動範圍變大，是成長的證據，跟大自然作好朋友，是令人欣慰的事，不過，也必須注意危險如影隨形。

女兒的「祕密花園」

有時候，孩子們會帶回一些意外驚喜。

春風宜人的時節，當時還是小學生的女兒採了一大袋稀有的山菜回來，也曾在夏天兩手抱滿特別的野花回來，多到我難以置信，驚嘆道：「哇！好厲害！在哪裡摘的？」她得意又調皮地笑答：「很厲害吧！到底是哪裡呢？祕密！」

嗯，祕密嗎？知道她想讓我驚喜、讓我開心，可是，萬一是危險的地方怎麼辦？我內心忐忑，不知該如何表達才好。

有個不讓爸媽知道的「祕密花園」、「野草園」是件美好的事，這是跟大自然變得親密才可能擁有的，當然不該苛責，於是我說：「連媽媽也不能告訴的好地方嗎？祕密花園真是好棒啊！好想知道在哪裡啊！哪天告訴媽媽喔！」

為了不讓愉快的氣氛變僵，只在最後稍稍加上一句：「不過，沒人的深山裡，可能有沼澤、也可能有毒蛇，記得要小心喔！」就這樣點到為止，接下來就決心信任孩子的判斷能力。

女兒一臉滿足地笑道：「知道啦！不會去很深的山裡的，請放心！」

一年後，同一個季節到來，女兒主動告訴我祕密花園的所在，還帶我去了。那裡原本種滿百年老樹，因人類的利益而被砍伐殆盡了，剩下一片寬廣的空地，吸引了孩子們來玩耍。砍伐後的土地，在陽光普照下又長出新芽、邁向重生。

在下一批大樹長成之前的短短幾年內，野草和山菜特別茂密，女兒獨自與此漫漫自然循環歷程中的一刻相遇，因而有緣接受如此珍貴的自然恩賜。

站在女兒的「祕密花園」裡，當時心中無法言喻的感動泉湧，讓我泫然欲泣。

照顧動物體驗生命珍貴與無常

我們也飼養了很多動物。狗、貓、鳥、兔、馬，孩子們把牠們都當朋友悉心照料。貓狗像是有個性的家人，為牠們準備食物、清理小屋，是孩子們每早的例行工作。帶狗散步、採摘野花野菜都像是日常遊戲的延伸，但照顧動物的生命，是伴隨著責任的工作，且能體驗到生命是多麼脆弱易逝的存在。

某天早上，孩子們去兔子小屋餵食時，驚見兔子屍體四散。那間小屋在我們的森林中，牢牢地用網覆蓋著，像座小公園，孩子們常在裡面觀察、玩耍。前晚，兔子可能慘遭野狗或狐狸襲擊。對孩子們來說，這是十分難以承受的景象。慶幸的是，可愛的小兔寶寶因躲在窟穴深處才逃過一劫。

動物世界弱肉強食的悲劇從天而降，兔爸爸兔媽媽為保護小兔而犧牲生命，目睹這戲劇性的生死現場，想必孩子瞬間學到刻骨銘心的一課。

與此相反，小孩有時也會做出殘忍的事。

記得兒子四、五歲時，很喜歡跟昆蟲玩耍。他把蜻蜓、蝴蝶、青蛙、甲蟲當成玩偶、玩伴，曾收集好多隻青蛙，讓牠們競賽跑跳，也曾在蜻蜓的尾巴綁線、拔掉蝴蝶的翅膀。我一度為此煩惱，猶豫著該不該阻止？他只是純粹對昆蟲有興趣？還是心理有什麼欲求不滿？是不是應該教育他尊重生命的珍貴？……最後我的結論是，先讓他自由做自己想做的，想必他在其中感覺到某些他想要摸索學習的東西。

我反對殺生，但在這件事上，我選擇尊重孩子的探索。所幸兒子只是出於一時好奇興趣，好笑的是，他長大成人後，竟變成什麼蟲都不大敢碰的都市人。

孩子們跟大自然的關係各有不同，也因時而異；而大人有時也能從孩子的視角與身姿，再次學到「sense of wonder」，這真是十分喜悅美妙！

不排斥但有所節制

大自然和動物對培育我們珍貴的感知來說，是非常重要的存在。只是存在著，若無其事又毫無保留地給予。跟文明進步、人類絞盡腦汁利用科學技術製造出來的東西，那是不同次元的存在。這樣的力量，我稱之為「super nature」、「sense of wonder」。

我們的存在，全憑靠這浩瀚宇宙、寬廣大地的生養，我們當用心傾聽、學習大自然，培育那份敬畏、感知、感動、感謝。這與人類心靈的成長息息相關，也是應該被社會整體重視的價值觀。

孩子們還在學齡時期，手機、電視遊戲機、網際網絡開始風行全球，但我們家始終沒添置相關設備，孩子們也從未要求。

或許因住家遠離城市，與大眾的步調自然有差？我們並不排斥，只是有所節制、順其自然。

我們教孩子明白，如果無法進入朋友圈的流行話題，這其實無關人格價值，反而要警覺，因話題不同而排擠他人的社會是有問題的；同時，我們也希望孩子認清，盲目迎合社會話題並無意義。

我認為，因為與世俗價值觀的差異，而讓孩子成長過程有點糾結煩惱，其實不是壞事，藉此或可培養孩子們客觀看待自己與他人。這是我們一貫的教育方針。

第九章

修養從家庭開始

家庭是人生最初階段遇到的共同體、小社會，
在家學到的能力，肯定會在下個階段的社會好好派上用場。
從孩子跟社會有交集開始，父母大都會給孩子規範，
這樣其實效果不彰，因為必須大人先以身作則。
但世上無完美之人，沒必要以「完美父母」來自我要求，
重要的是，盡最大可能，
全心全意跟孩子一起尋找方法。

除了借助自然界偉大的培育力之外，教育孩子身而為人的規則和心態也非常重要。人有「心」，是社會性生物，得經營共同的生活，所以必須教育孩子作為社會一分子的自覺。

然而，如今很多家庭教育連這個基本都不重視。

乍看之下，似乎是很「民主」地尊重小孩的自主性，任由孩子隨心所欲，實際上，那慣養出的不是有責任感的自主性，而是以自我為中心的利己主義。

舉例來說，小孩在公共場所和電車上吵鬧，家長卻不制止，也不顧慮是否打擾到別人，家長應該有所行動，卻不行動，也沒能力行動。類似的情景很普遍。我認為「家長本身也沒受過公共性價值觀的教育」之現象，是極大的社會問題。

社會生活的規矩、身而為人應有的態度與處事方式，這些都是得從小教育的；更確切地說，是不得不從小教育。不打擾別人、遵守社會規則等等，是基本中的基本。不制止、也不勸導孩子打擾他人的行為，這樣的家長越來越多，甚至觀念傾向認為「孩子想做就讓他做」才是好父母。這真是大錯特錯！

我想，大約是從我們的世代，歐美民主主義和自由思想開始滲透進來，這些基本中的基本於是漸被輕忽。這其實是對所謂「自由」的誤解。在責任和自律的前提下才能談自由，沒有責任和自律的「自由」，不過是放縱「恣意妄為的權利」。

每天，孩子們一邊玩耍一邊讓爸媽困擾、挑戰大人的極限，無論是故意惡作劇還是反抗，「這個可以做嗎？這是對的嗎？」的探問，是一種「希望大人教導」的信號。恰恰是這樣的時刻，家長應該把握時機給予教育。希望大家成為願意認真思考、好好教育孩子的家長。關於這點，孩子是能從正面理解並接受教育的。

日本有句話「怎麼教就怎麼長」，小時候的家教是孩子一生好好打下正確心態的基礎。

家是最初的社會

我們家的大小家事，無論男女長幼，大家都必須盡量參與。例如打掃工作，就依年齡能力分配，一起合作分擔，拿得動掃把的孩子拿掃把，大一點的孩子拿畚箕收集垃圾，小小孩用抹布擦拭，高處則由大人負責。

一開始不要嚴格要求孩子好好打掃。很多家庭都會讓孩子幫忙做家事，但常忘記最重要的是，引導孩子感受勞動帶來的成就與歡喜。為了營造這樣的氣氛，大人的感謝與讚美很重要，其目的不僅止於教育孩子勞動，更是自然而然地培育孩子的自尊心和對勞動的喜悅，以及學習互相感謝和尊重家人。

漸漸地，孩子會自然地理解自己能做哪些事、想挑戰更難的事，而且自己去發現必要做的事。

對幼小的孩子來說，家庭是人生最初階段遇到的共同體、小社會，在家學到的能力，肯定會在下個階段的社會好好派上用場。在最初階段就學好，日後學齡期、青春期、乃至長大成人進入社會，都會比較順利，不至於出現大問題。對家長來說，也才能「輕鬆當父母」，可以歡呼萬歲。

孩子會在家人合作共同生活中，養成設身處地、體貼他人的心。

我們全家大小都殷切期待採收當季的蔬菜瓜果，尤其是第一批水果。在大家最愛的草莓和西瓜季節來臨前，孩子們每天都到田裡探視，草莓的色澤越濃，越令人垂涎。

某天早晨，其中一名孩子喜上眉梢地回家：「草莓變紅了呦！」她問我可不可採？我說OK，她就開心地採了回來。我一看，是非常小顆的草莓，心裡暗叫：「啊、啊、啊！怎麼辦？」女兒看我一眼，屈指數算全家人數：「阿嬤、爸爸……總共八個」，然後呼叫：「媽媽快拿刀過來！」

這麼小的草莓要八個人分嗎？我心想不行吧？

只見女兒已用巧手把草莓切成八等分。雖然每片都小到快不成形，她還是讓全家人都吃到了。我對她的舉動感到吃驚，更吃驚的是，分到一小片草莓的兄弟姊妹都沒有失望埋怨，每個人都由衷歡喜。我頓時覺得被當頭棒喝！孩子的心遠比我想的更純真直率，他們真的茁壯成長了。

過了三十幾年，每次腦海裡浮現孩子們一起分享草莓那天明亮的光，我都覺得無比幸福。

親子關係基礎在對話

我與孩子的對話，是從出生的瞬間開始。雖然懷孕中也有，但從出生的瞬間馬上發出聲音跟孩子說話，是我個人的育兒交流法。

早安、喝奶囉、換尿布喔、有點冷要忍耐呦、媽媽去廚房一下很快回來……，抱起來的時候、哄睡的時候，也會先說明媽媽抱抱喔、要躺在床上了喔，一邊說一邊進行動作。

在他人眼裡，這樣看起來可能像在自言自語。嬰兒當然還不懂得語言，也無法用語言回答，不過，我從不認為嬰兒不理解。從自身經驗，我確信他們能捕捉到我的想法。

嬰兒可說是「超能力者」，不只是理解想法，他們也能從聲音、語調感受到各種事物，這樣的能力會持續發展。

孩子一出生時就能確實地接收到我的意思，並用眼神、表情、動作回答我。這樣說彼此能「對話」當然可以成立。如果無法相信，只能說其實是大人沒打開自己的感知。

孩子從學習各種交流工具的過程中，日積月累，培育感知，母親本身也開展出對孩子的關心與注意力等所謂的母性。親子關係是彼此培育信賴與連結的相互關係，這一點一滴都將影響日後的育兒，必須像儲蓄珍寶般，點點滴滴累積。

這方法不僅培育心性與情感，對促進語言表達能力也非常有效。在孩子吸收詞彙、牙牙學語的時期，即可明顯看出。大人說的話，孩子百分之百能理解（且還能判斷狀況），也能預測接下來的事。

比方說，想用語言傳達自己的心情或狀況時，能敏捷地組織、明確地表達。懂得如何使用語言、吸收詞彙也很快。總而言之，大人與小孩之間沒有「不知道你在說什麼」的情況，更能沒有壓力、輕鬆育兒。

「尋寶太棒了」家庭遊戲

孩子漸漸長大，大概到了五、六歲，在對話上，有一點要注意。那就是，即便遇到困擾或悲傷的事，也不以負面態度面對，而是試著去發掘其正面意義。我們家稱之為「尋寶太棒了」，亦即在晚餐或入浴時間，一邊回想當天發生的事，一邊以玩尋寶遊戲的心情聊天。

例如，跌倒了膝蓋擦傷的時候，不是責罵孩子不注意，而是安慰孩子：「玩得太投入時跌倒了，很痛吧？沒關係，很快會好的。不過，你也因此知道那裡有石頭，以後經過時就會更注意，太棒了喔！」一起迷路時，跟孩子說：「走得好累吧，時間也耽誤了，不過，正好走沒走過的路，有很多新發現，有點開心呢！」這麼「尋寶」一下，心情總會不可思議地輕鬆起來。

在日本，對人、佛祖神明、天氣、偶發事件表示感謝時，有習慣說「托〇〇的福」的文化。日常發生的瑣事都能當作素材，練習善用這句話來耕耘心靈，不讓負面的感覺停留在孩子柔軟的心裡，而是置換成感謝的語言、光明的種子，像玩黑白棋那樣。

當然我們也有無法達成的時候，雖然孩子們並沒完全按照這樣的引導，但這是一種親子可一起練習的愉快的心之教育。

引導孩子自己解決問題

話雖如此，父母的難題隨時都可能發生，小孩的世界也一樣。在兄弟姊妹吵架時，該如何勸和？那非常不容易，我也常為此煩惱。

雖然父母大聲一喝「別吵了！」就可能控制局面，因為比起吵架，小孩更畏懼大人，但這樣只是暫時控制眼前狀況，無助於長遠的成長，有點可惜。父母的強制和命令偶爾有效，然而更理想的是，在情緒升起前，冷靜下來思考——為了培育孩子的心，應該怎麼做比較好？

大人首先可以做的是，聆聽每個孩子的說法，邊聽邊尋求解決方案。每次的解決方法都不同，當然依據年齡也會有所不同。這是「一期一會」的事，沒有說明書

▲ 2023 年 5 月，橋本先生演講會現場角落。幫先生打點好演講布置後，橋本太太默默退到一旁，幫來聽講的一位媽媽照顧孩子。那孩子活潑好奇，到處翻扒還滿場跑，但橋本太太沒斥喝也不制止，只是笑瞇瞇善巧地陪伴、引導，不但神奇收服了「小麻煩」，自己也好像玩得很開心。

可循。要盡量不傷害任何一方，好好教育孩子分辨善惡；也盡量讓每一方都能接受，並考慮每個孩子的性格，面面俱到。之後還要好好面對孩子的反省、後悔、不甘心等情緒。該道歉時好好道歉，該原諒時好好學習原諒。育兒路上會遇到各種情緒複雜的教育場面，越是艱難，越是難得的機會。

首要祕訣是，在對話中跟孩子一起思考解決問題的出路。一邊問：「吵架開心嗎？」、「你覺得要怎樣才能融洽地玩？」等問題，一邊合力尋求解決之道。用當事者的想法與語言來解決問題，是最理想的。

雖然這樣冷靜地輕描淡寫，但當時的自己和現在的自己是否能完全做到，其實我也不太確定。

寬宏大量的赤子之心

親子關係本是強者與弱者的關係。大人很輕易就成了掌權的一方，想要教導、引導孩子往正確的方向，這種想法卻常淪為揮霍權力。就算小心注意，父母也是會犯錯的人，有時也會對孩子做出讓自己後悔的對待，如失去理性、感情用事地責罵孩子。

我也曾經這樣，事後為傷害了孩子而懊悔不已：「明明是那麼小的事，為什麼生這麼大的氣？」也曾在心中吶喊：「我沒資格當媽媽！我不想當了！」

不想當就能不當嗎？當然不可能，只能深切反省，並請求孩子的原諒。

然而，跟自己的孩子道歉並不容易，總感覺有點失去家長的威嚴，無法坦誠，因此更陷入自我厭惡。直到夜深人靜，看著孩子天真的睡臉，終於在心裡邊哭邊說：「媽媽好過分，對不起！」之後慢慢才說得出口：「對不起，說了過分的話……」當孩子爽快地回說：「嗯，沒關係」，又是叫人熱淚盈眶的片刻。如果立場對換，我應該會回一、兩句不滿或抱怨一下吧？但幼小的孩子卻如此寬宏瀟灑地原諒了大人。

這事給我意外的感動，還有更多「醍醐灌頂」的感受。

小孩的心是如此純淨開闊，媽媽彷彿當頭棒喝了一下，心瞬間被洗淨了。這也讓我恍然大悟——大人對孩子最重要的責任不是所謂「教育」，而是必須守護住赤子之心，讓孩子好好展現本有的自在純真。

從孩子跟社會有交集開始，父母大都會給孩子規範，教育孩子要常說「謝謝、對不起」。這樣的教育方式其實效果不彰，因為不應只是教育，必須大人先以身作則，能坦率地說出「謝謝」、「對不起」。

養育孩子的過程中，我們大人其實也有很多地方跟著成長，真是值得感恩。

育兒生活可說每天都有新的困難挑戰。孩子時時刻刻都在變化成長，時時刻刻用一顆新的心去感受、回應一切，跟孩子相比，成為大人的我們，無論是驚奇、感動、興奮、迷惘、困惑，甚至連感受憤怒和悲傷的心，都被磨鈍了，這正是「成為大人」的證據，實在令人無奈。

然而，這樣的我們卻不得不去教育、引導孩子純淨無垢的心，理所當然會迷惑，過程不順遂也是當然的。

所以我認為，親子教育不是單向的關係，而是教學相長的相互關係。畢竟，世上沒有完美之人，所以也沒必要以「完美父母」來自我要求，那既做不到，也沒必要。最重要的是，盡自己最大可能，全心全意面對育兒，跟孩子一起煩惱、一起哭泣、一起尋找解決方法，這樣陪伴孩子前行的身姿，必定能讓孩子真切感受到父母的愛。

我常對當父母的晚輩們說：「比起以完美為目標，父母更應學習如何原諒已經努力卻仍不完美的自己，改以理想的百分之五十或七十為目標。親子關係裡，寬容與愛，是同義詞。一邊守護孩子純淨、無限的愛心，一邊培育自己心中的大愛。」

「母親」是無價天職

現今社會以經濟優先，整個社會被「工作賺錢才有價值」的價值觀所支配。很遺憾的，不能產出金錢的育兒工作，便難以被評價為「有價值」。這不僅是社會趨勢，連父母自己也認同這種價值觀，一味追求經濟層面的提升，不惜輕忽為人父母的責任，對當父母、尤其專職主婦的評價都不高。

但其實，「育兒」明明是人類社會裡最值得被評為「高價值」的事。

我曾對此焦急，甚至憤憤不平。

我接受演講或寫作邀請時，常被問到工作頭銜、簡介，每次我一開頭就擺明了是個「主婦」、「母親」時，幾乎都會被駁回。主婦或母親的職責內容，完全不是社會認可的「工作」。雖然我不是沒從事有金錢收入的工作，但在我人生中更重視的是「主婦」、「母親」這樣的身分，而且我明明是站在「主婦」、「母親」的角度發言，卻無法被認同。無可奈何之下，只好在簡介裡寫下一般職業中的名銜。我為此憤慨，遺憾這樣的社會真是搞錯了，直到現在，我仍抱持這樣的想法。

不過，就算這麼說，我也知道時下社會一般人的意識就是如此，憤慨徒然白費心神。轉念一想，何需在意別人的評價呢？自己對自己每天的努力懷著自尊與自豪，好好肯定自己的價值比較實際。

後來，我更領悟到，良好的育兒工作非常需要這般自信的力量，由衷湧現的自信，會激發出鼓舞自己不斷前行的強大力量。

育兒是非常艱難、費時的工作，有時也十分孤獨，不過，看到孩子們每天開開心心健康成長，就得到最大的收穫、最好的回報。

為避免誤會，在此稍微說明，我強調父母責任重大，並非主張為人母後就得閉門不出，必須全職成天在家育兒。家家各有不同的情況要調適，只要育兒生活能順利運行都好。無論是請家人親友幫忙也好、職業與育兒兼顧也好，這在現代都是可行的。

我只是希望大家能理解育兒的深意，以堅定的信念育兒；而且，現在的我，想更徹底地說，當了父母的人就當好好「以『家長』的立場」生活。

育兒，等於創造未來，與所有職業一樣在參與社會活動，也是最大的社會貢獻。

對人類而言，育兒是不能消失的工作，未來是由活在此時此地的人創造的，今日培育出什麼樣的人，是未來的關鍵。為了創造更好的未來社會，今日好好育兒就是最穩當的捷徑。

與孩子共度的日子，有歡喜、有疲憊，全年無休。因此，如果沒好好保持平衡，會非常危險。對眼前的孩子投入最大關注的同時、為日常瑣事付出最多努力的同時，心的視線要能投向遙遠的未來。用心生活的微觀視角與展望未來的宏觀視野，同等重要，若有更多這樣的父母家長，相信一定能培育更多引導社會向上向善的人。

雖然前面說過，先靠自力提高對自己的評價，但還是希望更多人能理解育兒的重要性，也期盼社會能更溫柔地守護育兒中的父母，因為未來在今日父母手中。

後記

回首前半生，我屢仆屢起、反覆親身實驗：

透過純素「正食」如何能改變人？以此為胎教，能孕育出怎樣的孩子？

我全心全意想培育身心都自然的「真正的人」，那並非什麼偉大目標，只不過是擁有普通的健康，能正面思考且為人設想，愛人也被愛而已。

育兒從某個角度來說像是在「創造人」，不容許大失敗，父母因而不時尋思自己是否稱職盡責？這讓親子時光總難免隱約帶著些許緊張。

不完美的我，一路走來當然失敗和懊悔都多不勝數，只能適度地原諒自己，也得到家人的原諒，特別是孩子如天神般寬宏大量的「百分百原諒」。

我的育兒之路是一直被全家人如此支撐著的。

最近我常想，所謂「生存」究竟是什麼？

從地球的誕生到生物的誕生，其間變化、進化連綿，在幾億年生命接力的長流中，人類的存在不過是當下極短的剎那，然而這個當下剎那，經歷過生命長流無數的試煉、實驗與淘汰，最終留下精華傳承至今的智慧，即是「當下」的我們的生命。

單純因為這個事實就讓我激動不已，深深為自己身為長流涓滴、也為自己的生命而喜悅；同時也深信，人活著應該盡可能不做違抗這不可思議的偉大之流的事情。

但願不斷通過新考驗而淬煉的智慧精華可以代代傳承，儘管我們只是渺小的存在，也能因而有所貢獻；但願這生命長流超越我們，繼續豐沛地奔向未來。

正當此時，我居住的京都鄉間各處田地，稻米順利豐收。由衷感恩支撐我們生命的農人，和支持這一切的大自然。

承蒙海外諸君的邀請與協助，我這一介日本主婦才能將自身小小經驗化為文字，分享給海外朋友，對此因緣，我也要致上深深的敬意與謝意。

附錄

來去橋本太太家

正好編輯室

讀完橋本太太書稿時，心中升起的第一個感受是敬佩。

敬佩一個女子終生堅持純天然主義，五度在家分娩，又能憑靠土地、半自給自足，在深山裡養育子女、輔助丈夫，領著全家欣欣向榮。

而後又讀了橋本先生的故事書（《讓生命回復原始設定——橋本先生半斷食養生術》正好文化、二〇二三年十月與本書同步出版），才知道橋本太太娘家完全不接受她十九歲那年在居酒屋打工認識的「奇異浪子」，但她仍選擇「背對全世界」，毅然與橋本先生赤手空拳走向荒野夢幻家園。這讓人對這女子的勇氣與信心更油生好奇。

不過，橋本家五名子女都成長於網路世代，這樣特立獨行的生活方式難道不曾遭遇叛逆？特別是小女兒從小體弱，她的信念可曾因而動搖？俗話說「貧賤夫妻百事哀」，她如何面對柴米油鹽醬醋茶的現實挑戰？這一路以來，真能無懼、無怨、無悔嗎？

我們專程赴日拜訪福島深山裡的橋本老家，也在他們震災後遷居的京都新宅一起生活了兩天，並採訪他們的下一代，想了解子女眼中的媽媽是什麼樣子？也許從中還能略窺一二特別的「媽媽之道」。

哪想到，對於橋本太太是如何教育子女，幾個孩子想半天竟都答不上來。

原因是，他們印象中的媽媽極少說教，總是一天到晚忙於家事，還要照顧許多寄宿的訪客，從不只是他們的媽媽，而是許多人的「媽媽」。

「不過，就這樣看著媽媽認真工作的身影，和不管遇到多麻煩的事、多傷腦筋的人，都有辦法微笑地耐心處理，我也在無形中學到樂觀自信的態度吧？」長子樹生馬這樣說。

么女朋果也說，忙碌的媽媽不可能常陪伴孩子，但她從小就深刻感受到媽媽把子女擺在第一位，絕對用心對待，而且無論成長過程中遇到什麼困難，媽媽始終如天大的靠山、萬能的後盾一般，讓她安心滿滿。

雖然橋本太太不是緊盯嚴管的那種媽媽，也沒空跟前跟後，但子女們對她似乎都敬畏三分。據說是因為在寬鬆放任之餘，她言出必行，對原則從不馬虎。

除此之外，么兒卓道和朋果不約而同提到，母親對樹生馬嚴厲的模樣讓他們記憶深刻。

跟橋本太太聊起此事時，橋本先生在旁聞言立刻自白，樹生馬小時候曾被他以拋進池塘這樣暴烈的方式管教，為此他愧悔至今。

橋本太太也坦言起初順著先生對「長男」特別的期許，確實曾對樹生馬求好心切，所幸後來一警覺到孩子的壓力，便立即自我調整。

「作父母的我們並不是完人，過程中必然犯過許多錯，我們會誠心跟孩子道歉。」橋本太太很慶幸五個孩子都好好地照自己的樣子長大，也都各自成家立業，雖然她跟天下媽媽一樣，有時仍難免為孩子操心，但因為她對每個孩子的根基、本質有十足的信心，相對於這信心，其餘煩惱充其量不過是枝微末節。

橋本太太書中寫到，樹生馬童年初習字時，有一次被責備後，憤而在客廳牆上刻字罵「知亞季是笨蛋」。她並沒要求塗銷，也不介意訪客看笑話，反而把那當作是對自己的提醒備忘。五月初拜訪福島深山裡橋本家舊宅時，我們還特別搜尋這個「遺址」（下圖）。

讀過橋本夫婦的書之後，橋本先生年輕時用二手建材親自打造的那屋子就不只是屋子了，而是一對上世紀「類首屆日本嬉皮」的愛情信約，一個

家族扎根發芽茁壯的人生基地，也是一群嚮往回歸自然的尋道者互相鼓勵的修行中繼站。

撫摸著通往小閣樓的木梯，橋本家孩子飛奔嬉戲的身影忽然浮現四周；凝望著迴廊前的草坪，和遠處綁在大樹下的三座鞦韆，彷彿聽到當年遠道而來追求身心療癒的八方旅客，正彈著吉他輕歌曼舞，或正觀賞著露天即興戲劇哈哈大笑。

橋本家的木屋宛如童話故事裡森林精靈的居所，處處可見工藝巧思，後來為舉辦半斷食工作坊，在旁邊加蓋的獨棟客舍也寬

學員宿舍一角

福島磐城舊宅(其右側為學員宿舍)

敞通透，裡裡外外都讓人心曠神怡。

無奈因大地震爆發核災事故，他們不得不放下這個相伴四十寒暑的故鄉。那天在細雨中繞行這家園一圈，對橋本先生書裡寫到的心情完全感同身受。

他說，災後四處寄宿避難期間，有一天專程冒險回家打包物品，夫婦倆默然無語，離去時情不自禁對這屋子鞠躬致謝。

據說經過十年後，福島已無核輻射之虞，加上新開了一條公路，使得通行大為便利，近年橋本先生和長子常回老家清理整修，未

爬上閣樓臥室的梯子

橋本家舊宅孩子睡覺的閣樓

來也許可能開放為度假別墅，讓老家再度成為更多人的安居樂土。

橋本夫婦最初選擇離群索居，沒想到「賓客如雲」卻成了後來橋本家的常態。橋本家的孩子從小就習慣與一大群男女老幼共同生活，包括來自俄羅斯、言語不通文化不同的寄宿兒童。

住在京都新家那兩天，看到他們第三代小孩的表現，真可謂親眼見證了這般「橋本家風」的如實傳承。

新家在京都郊外山邊，長女果遊和么女朋

京都橋本新家前一大片寬闊的前院

在磐城自立建屋前曾在這個廢棄老屋住了兩年

果也住附近，他們家族三代平日都一起吃飯生活。

那天車子剛到庭院口，最小的兩歲孫子就高舉著小手要獻寶，他手中緊握的是剛在草叢裡捉到的一隻青蛙寶寶；接著另外三名孫女也立即放下遊戲，全跑過來笑盈盈地擁抱訪客，發現訪客是外國人之後，馬上主動用英語介紹自己的名字、年紀。

到了做飯時間，這幾位小朋友全動員起來，有的去院子採野花供在玻璃杯裡，有的擦桌、佈置餐具，有的綁起頭巾圍裙、直接下廚幫外婆切切洗洗，一切自發自動又那

橋本太太以味噌醃漬野生橘子自製的點心 (U-Be-Si) 招待我們

京都新家閣樓是孩子的遊戲間及小展演廳

麼自然嫻熟，大人不但毋須指揮看顧，甚至反倒似乎退為配角、幫手（圖見 p.158~159）。

吃飯時，全家一起謝恩祈禱後開動。雖然只是來自自家菜圃的簡單素食，但看到每個孩子大口認真咀嚼的模樣，不禁覺得飯菜都特別美味。

席間大人沒對孩子說一句「不可以」、或者「這個有營養要多吃」之類的「飲食管教」，只是隨順小孩愛吃什麼想吃多少都沒關係，「這個好好吃啊」、「這個也好好吃啊」的稱讚聲此起彼落。

用餐完畢後，孩子們又自動收拾餐桌。看還在上幼稚園的小孫女雙手捧著堆高的碗碟，危顫顫走向廚房，大人們沒出手制止，也沒在一旁緊張地喊嚷小心，或興奮地誇獎好棒，一切像是稀鬆平常。

橋本家子女一致對自己的生活能力表示充滿信心，相信自己無論如何都有本事好好活下去。看到這些小孫子做家事的身手和堅定的神情，約莫可想見他們的媽媽也是從小就這樣在日常生活中歷練過來的。

橋本家三個女兒、包括遠嫁歐洲的次女，婚後都延續娘家的飲食理念和生活方式，甚至也仿照媽媽在家自然分娩，但兩個兒子的小家庭反倒沒這傳承。他們都在上大學時開始肉食，但身心上無任何負擔，父母也沒意見，完全尊重個人自由。雖然目前住在城區，過著都市人的生活，但他們都肯定在山野自由奔放的童年是他們生命中的珍寶。

不知道可不可以由此揣測，雖說丈夫、父親是「一家之主」，但其實妻子、母親才是決定家庭文化的關鍵？甚而進一步推論，家風代代相傳、源遠流長，「媽媽道」幾乎隱約左右著「世道」了？

橋本太太如今由五個孩子的媽媽升格為八個孫子的「歐巴桑」（おばあさん，祖母），橋本先生說，不知不覺中，當年那個弱不禁風、總靜靜跟在身後的小女人，已進化成恍若「大地之母」般偉大的存在，將全家人的心緊緊兜在一起，晚年甚且變身為他的「領導」了。

橋本太太則自謙不過是個「相信人生即修行而每天認真生活」的普通媽媽。為人妻人母的漫漫歲月中，一樣曾有恐懼怨悔，也一樣會生病，只是，她認定恐懼怨悔和病痛也是自然的一部分，不必抗拒，單純地全然順服就好。只要單純地全然順服，複雜的思慮自然止息，而清明的直覺自然升起，終究自會知道如何採取行動。

她提到自己曾被宣判罹患末期癌症，只剩一個月餘命。當時她想：「喔，是這樣嗎？既然如此，那麼最後僅有的時間一秒鐘都不能浪費，只能做最要緊的事——我要全部都投入修行。」

於是，她立即放下萬緣、包括所有家事，獨自閉關靜修，除先生之外，家人都不知病情。結果，她不但活過一個月，而且精神體力都日益增進，半年後再去檢查，腫瘤竟已消失無蹤。

如果這是「奇蹟」的話，那麼，橋本太太對生命大自然那份信任與自在，更是美麗的奇蹟。

這趟日本行，我們每個同伴都歡喜領受了那美麗奇蹟的潤澤。

媽媽道 2

用直覺解碼宇宙物語

橋本太太純天然育兒法

國家圖書館出版品預行編目（CIP）資料

用直覺解碼宇宙物語：橋本太太純天然育兒法 / 橋本知亞季著；葉心慧譯 . -- 初版 . -- 臺北市：正好文化事業股份有限公司 , 2023.10
面； 公分
ISBN 978-986-06042-8-3(平裝)
1.CST: 橋本知亞季 2.CST: 育兒 3.CST: 傳記 4.CST: 日本 783.18 112012730

Decoding the Cosmic Story with Intuition:
Mrs. Hashimoto's All-Natural Parenting Method

Published by Zen How Publishing Co. Ltd.

ISBN: 978-986-06042-8-3

橋本知亞季 著
葉心慧 譯

總編輯 夏瑞紅
文字編輯 謝依君、趙長城
圖片提供 橋本知亞季
攝影 夏子
美術設計 拾蒔生活製作所

發行人 梁正中
出版者 正好文化事業股份有限公司
地址 台北市民權東路三段一〇六巷21弄10號1樓
電話 (02) 2545-6688
網站 www. zenhow.group/book
電子信箱 book@zenhow.group

總經銷 時報文化出版企業股份有限公司
地址 桃園市龜山區萬壽路二段三五一號
電話 (02) 2306-6842
製版印刷 瑞豐實業股份有限公司
初版一刷 二〇二三年十月
定價 三九〇元